나의 첫 질문

국어공부
어떻게 해야 할까요?

【프롤로그】

중국 송나라시대 정치가이고 당송팔대가인 구양수는 글을 잘 짓는 방법을 3다(多)라고 했습니다.
① 다독(多讀) : 많이 읽다
② 다작(多作) : 많이 쓰다
③ 다상량(多商量) : 많이 생각하다
즉 책을 많이 읽다보면 어휘력이 풍부해져 생각의 폭이 넓어지고, 또한 생각이 깊어지고,
자연히 하고 싶은 말이 많아지게 되면서 보여주고 싶은 글을 잘 짓게 된다는 것입니다.
이 말은 "국어공부 어떻게 해야 할까요?" 질문에 대한 답변과 맞먹는 말입니다.
미래의 약속은 어휘력·문해력·문장력입니다.

[1] 국어공부 어떻게 해야 할까요?

초등학생들에게 국어공부는 만만하기도 하면서 어렵기도 한 과목이다.
초등 국어에서는 읽기, 쓰기, 듣기, 말하기를 중심으로 문학과 문법을 공부한다. 또한 1학년부터 6학년까지 다양한 종류의 글을 어떻게 읽어야 할지를 가르치고 있다. 이를 통해 어휘력과 문해력, 발표력 등 학습의 기본적인 틀을 만들고 평생의 언어용 능력을 키운다. 국어공부가 중요한 이유다. 국어는 모든 과목의 기초가 된다. 그래서 국어공부를 못하는 아이는 어휘력과 문해력, 발표력이 부족한 결과이기 때문에 다른 과목도 잘할 수가 없다.
국어 교육과정은 읽기, 쓰기, 듣기, 말하기를 바탕으로 문학, 문법 영역으로 구분되어 있다. 하지만 실제로 아이들이 이렇게 세분화 된 영역에 대해서 알기는 어렵다. 물론 선생님은 수업시간에 무엇을 배워야 하는지 수업목표에 대해서 일러주지만 영역과 관련지어 궁극적으로 아이들이 도달해야 할 목표가 무엇이고 어디까지인지 알기는 어려운 일이다. 이것은 초등학생, 중학생, 고등학생까지 국어공부를 하는 학생들이면 비슷하지 않을까 싶다. 학창시절 국어공부가 힘들었고, 수능에서도 언어영역 때문에 애를 먹었던 경험이 있을 것이다.
사실, 국어과목은 배울 것이 많고 실제로 교육과정에서도 가장 많은 시간을 할애하고 있다. 그렇다고 아이들에게 국어를 좋아하느냐고 물어보면 그렇다고 대답하는 아이들이 별로 없다. 그도 그럴 것이 수학은 계산을 통해서 정답이 정확하게 도출되고, 통합교과는 움직임 활동이나 조직활동이 주가 되기 때문에 나름대로 배우는 즐거움이나 자기 만족이 있지만, 국어는 이 두 가지 모두가 불분명하고 거기에 학기초부터 일기, 독서감상문 등 숙제까지 내주니 아이들의 입장에서는 무엇을 배우고 있는지 공부를 어떻게 해야 하는지 뚜렷한 방향이 보이지 않고, 지루하고 답답하게만 느껴지는 과목이다.
여기서 짚고 넘어가야 할 부분은 1968년 국어교과서(문교부 발행)부터 2002년국어교과서 (서울대학교 국어교육연구소 발행)까지 초등학교, 중학교, 고등학교 국정도서 국어교과서의 차례를 살펴보면 논설문, 설명문, 기행문, 생활문, 편지글, 일기, 동시, 동화, 희곡, 관찰기록문, 독서감상문, 웅변연설문 등으로 집약되며 여기에 해당 장르의 다양한 지문이 나오고, 그와 관련한 여러가지 활동들이 제시되고 있다. 국어공부의 영역을 포함한 총체적인 맥락, 그리고 어느 정도의 디테일까지 파악할 수 있다.

[2] 국어공부에서 중요한 것은 무엇일까요?

그렇다면 "국어공부에서 중요한 것은 무엇일까요?" 바로 꾸준한 독서를 통한 읽기 능력과 문해력, 어휘력을 갖추어야 하는 것이다.

국어시험은 지문의 내용을 제대로 이해했느냐를 묻는 문제가 대부분이라서 평소 꾸준하게 책을 읽어온 아이들에게는 크게 문제가 되지 않지만, 평소 책을 읽지 않은 아이들에게는 막막하게 다가올 것이다.

게다가 학년이 올라갈수록 지문은 길어지고 깊이는 깊어지기 때문에 국어는 점점 힘든 과목이 되어간다. 그래서 평소 책을 읽을 때는 문학작품 외에도 정보를 전달하는 글, 주장하는 글을 포함한 논설문, 설명문, 기행문, 생활문, 편지글, 일기, 동시, 동화, 희곡, 관찰기록문, 독서감상문, 웅변연설문 등 다양한 글을 접해 보도록 해야 한다. 예를 들어 논설문은 「기미독립선언문」, 「최현배의 겨레의 얼과 말」, 설명문은 「조지훈의 소재와 표현」, 「신일철의 논리적 사고」, 기행문은 「정비석의 산정무한」, 「이은상의 산 찾아 물 따라」, 일기는 「난중일기」, 「안네의 일기」, 희곡은 「유치진의 원술랑」, 「오 헨리의 마지막 한 잎」, 관찰기록문은 「파브르의 곤충기」, 「시턴의 동물기」, 웅변연설문은 「링컨의 게티즈버그 연설」, 「마틴 루터 킹목사의 나에게는 꿈이 있습니다」 등 장르별로 찾아서 읽어 보기를 권한다. 그러면 자연스럽게 개념 정리도 되고, 사실과 의견을 구분하게 되고, 생각이나 느낌을 글로 표현하는 방법도 익히게 된다.

아울러 국어과목에 자신감을 갖기 위해서는 교과서에 실린 지문의 원래 작품을 찾아 읽는 것은 큰 도움이 된다. 교과서에는 글의 일부분만 실리는 경우가 있기 때문에 원래 작품을 찾아 전체를 읽어보면 글을 더욱 풍부하게 제대로 감상할 수 있고, 글의 구성과 앞뒤 상황이 맞춰져 있는 글을 읽을 수 있어 이해의 폭도 넓어진다.

[3] 국어공부를 통해서 다다르고자 하는 궁극의 가치는 문해력과 자기표현입니다.

문해력이 장르별 지문을 해석하여 문제를 푸는 것으로 평가한다면, 자기표현은 논리적인 말하기가 포함된 글쓰기인 논술이다. 아시겠지만 선진국에서는 모든 시험을 우리나라처럼 객관식이 아닌 에세이로 치른다.
솔직히 어떤 과목이든 그 공부의 궁극적인 목표가 무엇인지 생각하는 친구들은 거의 없다. 그저 하기 싫지만 해야만 하는 것이고, 뭐가 됐든 자기자신에게 도움이 된다고 생각하고 있기 때문에 울며 겨자 먹기로 하는 친구들이 대부분 일것이다.
그래서 "국어공부 어떻게 해야 할까요?" 라고 묻는다면 너무도 뻔한 대답일지 모르겠지만 꾸준한 책읽기와 글쓰기연습이라고 말하고 싶다.
우선 책읽기를 통해 전반적인 문해력을 기를 수 있고, 일기쓰기, 독서록쓰기 등 다양한 글쓰기를 통해 표현력을 향상 시킬 수 있을 것이다. 하지만 이 두 가지 모두를 스스로 재미를 느껴 꾸준히 하기에는 어려움이 많을 것이다.
특히 책읽기는 읽기의 재미를 붙일 때까지 적절한 도움과 관심이 필요한 부분이다. 책에 관심을 가질 수 있도록 자주 노출시켜 주고, 저학년들은 스스로 책읽기를 힘들어 한다면 '독서에 흥미를 느낄 때까지' 귀찮더라도 반복해서 자주 읽어주고 새로운 형태의 책을 권해보는 것도 하나의 방법이라고 할 수 있다. 지금은 종이책(Paper book), 전자책(Electronic book), 듣는책(Audio book) 등 여러가지 형태로 책이 출간되기 때문에 아이가 좋아하는 형태의 책을 선택하여 책읽기에 흥미를 가질 수 있도록 하거나, 만일 아이가 종이책을 부담스러워 하면 오디오북과 병행해서 흥미를 갖도록 동기부여를 제공해준다. 예를 들어 종이책을 펼쳐놓고 효과음악이 있는 오디오북을 듣게 함으로써 독서에 호기심을 가질수 있도록 기회를 마련해 주는 것이다. 노력도 재능이다. 누적된 책읽기는 결국 아이에게 용기와 자신감을 불어넣어 줄 것이다. "어떤 책을 읽으면 좋을까요?" 라는 질문에는, 독서의 중심은 책이 아니라 독자인 아이들이다. 어떤 책이 좋은지보다 아이의 관심사는 무엇인지 아이의 성향과 수준을 파악하고, 어휘력은 어떤지 파악하는 것이 우선이다. 그래서 아이가 흥미를 가지고 좋아하는 책을 먼저 읽게하는 것이 좋다. 시험을 위해 어려운 고전을 먼저 접하게 하여 책과 벽을 만들기보다는 지금의 시대를 배경으로 한 현대 작품들을 먼저 읽으면서 책을 통해 위로를 받아보게 하는 것이 좋다. 그러면서 국어교과서를 읽게하는 것도 놓쳐서는 안된다.

국어교과서를 많이 읽어보는 것은 국어공부에 도움이 되는데 여기에도 전략이 있다.
① 학습 목표를 확인한다.
학습 목표는 소단원에서 무엇을 배우는지를 설명하는 안내 글이다. 이것에 유의하며 읽어나가면 문단의 내용을 잘 이해할 수 있고 요약하기도 쉽다.
② 어려운 낱말을 찾아가며 읽는다.
글을 읽어 나가면서 모르는 낱말이 나오면 그냥 지나치지 말고 그 낱말의 뜻을 문맥에 맞게 유추해 가며 읽어야 한다. 현행 국어교과서는 학생들이 이해하기 어려운 단어에 별표를 달아 단락 맨 아래에 그 뜻을 적어놓고 있다.

③ 내용 이해를 요구하는 질문에 답하며 읽는다.
설명 글일 경우 내용의 이해를 돕기 위해 날개 지면을 이용해서 질문을 던지고 있다. 이런 질문이 나올 때마다 그 질문에 답을 찾아가며 읽어야 한다.
④ 글의 내용을 요약해 이야기한다.
글을 다 읽은 후에는 글의 내용을 얼마나 기억하고 있는지 중요한 내용을 간추려 이야기해보도록 한다. 전체 내용을 한 번에 말하는 것이 어렵다면 몇 부분으로 나누어 이야기하는 것도 좋다. 이 과정에서 어떤 내용을 기억하고 있는지 어떤 부분을 놓쳤는지 알 수 있고 요약하며 말할 수 있는 실력도 높아진다.
⑤ 글의 내용을 어느 정도 이해했는지 확인한다.
소단원 읽기가 끝나면 그 단원의 목표를 달성했는지 확인하는 질문이 나온다. 이 부분은 제대로 공부했는지 점검할 수 있는 부분이기도 하다. 만일 모르는 부분이 있다면 다시 앞으로 돌아가 그 내용을 익히도록 한다. 초등학교 국어공부는 하루아침에 성적이 오르는 과목이 아니다. 평소 꾸준한 독서를 통해 어휘력과 문해력을 향상시켜야 한다. 국어공부의 궁극의 가치는 문해력과 자기표현임을 잊어서는 안된다.

[4] 질문의 크기가 삶의 크기를 결정합니다.

"엄마, 자장면이 먹고 싶어요." "그래? 그럼 먹으러 가자." 그렇게 말하는 것은 지난 과거의 교육과정입니다. 현, 교육과정은 이렇게 말해야 합니다.
"우리 대장이 자장면이 먹고 싶구나. 그런데 볶음밥도 있고 짬뽕도 있고 우동도 있는데 왜 자장면이 먹고 싶지?" 이 물음에 아이가 "그냥 먹고 싶어요." 라고 대답했다면 그것 또한 지난 과거 교육과정 스타일입니다. 이제 아이는 "왜?" 라는 엄마의 물음에 구체적으로 또박또박 '자장면이 먹고 싶은 이유'를 말해야 합니다. 그것이 현 교육과정에서 추구하는 가치입니다.
결국 공부의 핵심은 근원을 따져 밝히고 자신의 의견을 논리적으로 진술하는 데 있습니다. 그것이 바로 논술이며, 이 훈련은 어렸을 때부터 꾸준히 길러 주어야 합니다.
우리는 아이들에게 동화책을 읽힙니다. 책을 읽은 아이에게 엄마는 이렇게 묻습니다.
"재미있니?" 아이는 대답합니다. "네." 그걸로 끝입니다.
동화는 우리 아이들에게 꿈과 용기와 올바른 삶의 방식을 가르쳐 줍니다.
그것을 좀더 확실하게 깨우치게 하려면, "재미있니?" 라는 질문만으로는 곤란합니다.
"왜 그랬을까?" "만일에 그 때 주인공이 이렇게 했다면 결과는 어떻게 달라졌을까?"
"잠깐만, 그 방법밖에 없었을까?"
우리 아이들의 호기심을 자극하고 생각을 확장시킬 수 있는 질문을 던져 준 다음에 조리있는 답을 말할 수 있도록 유도해야 합니다. 그리고 그것을 글로 쓰면 '논술'이 되는 것입니다.
 단순히 읽는 것에서 그치는 것이 아니라 내용의 확실한 이해를 바탕으로 생각을 넓혀 갈 수 있도록 해야 합니다. 그래야 우리 아이들의 사고력과 탐구력이 무럭무럭 자랄 것입니다.
그것이 공부의 핵심입니다.

[5] 필사는 정독 중 정독입니다.

조선시대 세종대왕은 '사가독서(賜暇讀書)'라 하여 집현전 젊은 학자들에게 휴가를 주어 독서에 전념하게 하였으며, 같은 책을 100번 읽고 100번 필사하는 '백독백습 독서법'을 통해 스스로를 성장시키며 나라와 백성을 섬길 수 있었습니다.

① 필사는 글을 베껴 쓰는 것을 말합니다.

일일이 책을 보고 한 글자씩 옮겨 적는 것이지요.
왜 일부러 힘들게 글을 베껴 쓰냐고요? 한 글자씩 글을 옮겨 적는 과정은 단순히 빈 종이를 채우는 것 이상의 여러가지 장점이 있기 때문입니다.

② 필사는 글짓는 능력을 키워 줍니다.

필사는 글짓기 능력을 키우는데 가장 효과적인 방법입니다. 글을 잘 짓는 능력은 태어날 때부터 타고나는 것이 아닙니다. 아무리 유능한 작가라고 하더라도 태어날 때부터 글을 잘 짓는 것은 아닙니다. 그들은 우리가 모르는 수많은 시간동안 노력을 했습니다. 그 중 대표적인 것이 다른 사람들이 써놓은 좋은 책을 필사하는 것입니다.

③ 필사는 어휘능력을 키워 줍니다.

우리가 평소 쓰는 단어는 매우 제한적입니다. 적은 양의 단어로 일상생활에서 대화를 하고 살아가는 데에는 아무런 문제가 없습니다. 하지만 글을 쓸 때에는 다릅니다. 다양한 어휘를 활용해야 좋은 글을 완성시킬 수 있습니다. 어휘력 향상에 가장 통합적인 방법이 바로 필사를 하는 것입니다.

④ 필사는 사고력을 높여 줍니다.

'손은 제2의 두뇌' 라고 부를 만큼, 두뇌활동과 밀접한 연관을 맺고 있습니다. 즉 손을 이용한 다양한 활동은 두뇌활동에도 좋은 영향을 주는 것이죠. 공책에 글을 쓰는 동안 우리 뇌는 계속해서 생각을 합니다. 필사는 단순히 글을 옮겨 적는 것 같아 보이지만 고도의 사고활동이 이뤄지는 과정입니다. 문장을 통해서 작가의 생각을 이해하고 더 나아가 자신만의 생각을 형성해 가게 됩니다.

⑤ 필사는 집중력을 높여 줍니다.

필사는 무엇인가에 집중하지 못하고 정서가 불안한 아이들이 반드시 해야 하는 과정입니다. 어려서부터 필사를 즐겨하는 아이들은 차분한 성격으로 사려깊은 행동을 하게 합니다. 느긋하고 여유롭게 앉아서 필사를 하는 것만큼 아이들의 원만한 성격 형성에 도움이 되는 방법은 없습니다.

⑥ 어떤 책을 필사해야 할까요?

필사를 할 때 중요한 전제 조건이 있습니다. 그것은 바로 아무 책이나 필사의 대상으로 삼아서는 안 된다는 것입니다. 책의 종류는 매우 많습니다. 책 중에는 양서라 불리는 좋은 책이 있는가 하면 그렇지 않는 책도 많습니다. 가장 쉬운 선택은 오랫동안 검증받고 사람들에게 사랑받아온 고전을 선택하는 것입니다. 또 외국 작품보다는 우리나라 작품을 선택하는 것이 좋습니다. 아무리 좋은 외국 작품이라도 원서 그 자체를 읽고 이해하기는 어렵습니다. 대개는 번역된 책을 보게 되는데 외국 작품을 번역하다보면 원서 그 자체의 깊이를 느낄 수가 없습니다. 그래서 될 수 있으면 한국 작품을 선택하는 것이 도움이 됩니다.

[6] 서술의 4가지 기본양식

문장을 쓰기 시작할 때에는 어떤 의도, 곧 중심적 목적을 가진다. 이 목적은 단지 서술한다는 차원에서가 아니라, 전달이라는 차원에서 가지게 된다. 필자와 독자의 관계를 의식하고, 어떤 의도, 어떤 목적으로 쓴다는 것이 명백해야 한다.

문장의 의도, 또는 목적은 ① 논증 ② 설명 ③ 묘사 ④ 서사 등 4가지로 나뉜다. 이 4가지 서술의 기본양식은 시, 소설, 희곡, 일기, 감상문, 관찰문, 서간문, 식사문, 설명문, 논설문, 논문 등 서술에 두루 적용되는 기본 방법이다.

(1) 논증(論證, argument)

어떤 명제에 대하여 논거를 제시하는 서술활동이다.

독자의 생각, 태도, 관점, 감정 등을 변화시키고자 한다. 완전히 객관적으로, 또는 비개인적 방법으로 독자가 가지는 논리적 능력에 호소할 수도 있고, 또는 독자의 감정에 호소할 수도 있으나, 어느 경우이건 그 의도는 독자에게 어떤 변화를 일으키고자 하는 것이다. 어떤 주장, 판단, 의견을 제시하고 증명하여 독자를 설득시키려는 의도로 쓰는 것이 논증이다. (논문, 논설문)

(2) 설명(說明, exposition)

주제를 해설하거나 똑똑히 밝히는 서술활동이다.

독자에게 무엇인가를 알리고자 한다. 무엇을 설명하고, 어떤 사상을 독자에게 밝혀주고, 어떤 성격이나 상황을 분석하고, 어떤 말의 뜻을 풀이하며, 어떤 방향을 제시해 주는 것이다. 이러한 의도로 쓰는 것이 설명이다. (설명문)

(3) 묘사(描寫, description)

사물이 지닌 성질, 사물이 우리의 감각에 만들어 주는 인상이 무엇인가를 나타내 주는 서술활동이다.

자기가 보고 듣고 겪은 사물의 인상을 그대로 생생하게 독자로 하여금 상상적으로 체험하게 하고자 한다. 그 대상은 자연의 정경, 도시나 시골의 풍경, 사람의 얼굴 등 삼라만상이 해당된다. 이러한 대상들을 있는 그대로 객관적으로 그려내어 서술하는 것이 묘사이다.
(묘사는 글쓰기의 꽃이다. 글쓰기 능력은 묘사로 평가된다.)

(4) 서사(敍事, narration)

의미있는 행동의 시간적 과정을 서술하는 활동이다.

어떤 사건의 의미 있는 시간적 과정을 표현하고자 한다. 사건은 웅장하거나 평범한 것일 수도 있고, 스포츠 경기나 전쟁, 각종 선거나 들놀이인 경우도 있을 것이다. 어떤 사건이든, 필자는 시간 속의 한 연속과, 경우에 따라서는 한 사건이 다른 사건으로 어떻게 전개되는가 하는 이유를 제시하고자 하는 것이다. 이러한 의도로 서술하는 것이 서사이다.
(소설, 동화, 기행문, 일화, 전기, 실록, 비사, 신문기사)

[7] 반복은 천재를 만들고 신념은 기적을 만듭니다.

어떻게 하면 공부를 효과적으로 할 수 있을까요? 영어를 쉽고 빠르게 배울 순 없을까요? "뇌가소성을 알면 가능합니다." 어떻게 하면 효과적으로 두뇌를 업그레이드 할 수 있을지 세 가지를 알려 드리겠습니다.

"조디 밀러"라는 3살 여자아이는 심한 발작을 겪었습니다. 병원에서 진료를 받아보니 〈라스무센 뇌염〉이라는 희귀병이었습니다. 왼쪽 뇌에는 심각한 마비가 찾아왔는데요. 알려진 모든 치료법에 실패하자, 의사들은 두뇌의 절반을 제거하는 반구절 제술을 시행했습니다. 시간이 지났습니다. 뇌절반을 없앤, 이 아이는 어떻게 되었을까요?

놀랍게도 몸 왼쪽에 약간의 마비가 있었지만 정상적으로 살아가고 있었습니다. 우리의 신체 부위별 뇌가 정해져 있고, 만약에 이것이 바뀔 수 없다면 불가능한 현상입니다. 인간의 뇌는 완성된 상태가 아닌 미숙한 상태로 태어납니다.

이후, 우리의 두뇌는 주어지는 자극들을 받아들이고 그 필요에 맞게 가장 적합한 형태로 발달합니다. 이것을 '뇌가소성'이라고 합니다.

컴퓨터나 스마트폰과 같은 하드웨어는 위치별로 역할이 정해져 있습니다. 그래서 특정 부위를 없애면 화면이 보이지 않거나 소리가 들리지 않거나 하는 장애가 발생할 것입니다. 하지만 우리의 뇌는 다릅니다. 일부 영역을 제거하여도 끊임없이 새로운 자극을 받아들이고 그에 맞게 뇌의 영역을 재편합니다.

"뇌는 어려운 과제와 목표에 맞게 항상 스스로를 조정한다. 환경의 요구에 맞춰 자원의 형상을 뜨고 필요한 자원이 없을 때는 직접 만든다." 하지만 이런 가소성은 나이를 먹을수록 떨어진다고 합니다. 그럼 어떻게 하면 가소성을 높여서 두뇌를 발달시킬 수 있을까요?

"정답은 바로 우리의 뇌가 그것을 중요하다고 여기게 만들면 됩니다." 중요하다고 여기는 자극이 생기면 우리의 몸은 그것을 수용하는 피질에 아세틸콜린이라는 물질을 분비합니다. 그러면 그 부위는 어린아이처럼 말랑한 가소성을 갖게 됩니다. 그 뜻인 즉, 새로운 정보를 쉽게 받아들인다는 뜻이죠. 그렇다면 어떻게 뇌가 자극을 중요하게 여기게 만들 수 있을까요? 이것을 잘 활용한다면 외국어를 배우는 데, 시험공부를 할 때, 우리의 신체능력을 발달시키는 데, 운동을 할 때, 그리고 자녀를 양육할 때 등 효과적으로 활용할 수 있습니다. 세 가지 구체적인 행동 방법을 알려드리겠습니다.

첫째, 지속적으로 노출하라
둘째, 생존환경을 만들어라
셋째, 호기심과 보상을 제공하라

첫째, 지속적으로 노출하라
일본에서 태어난 하야토와 미국에서 태어난 아기 윌리엄이 있다고 합시다. 태어난 직후 두 아이의 두뇌는 별다른 점이 없습니다. 하지만 두 아이가 듣는 언어가 다릅니다. 일본어와 영어의 발음 차이 중 가장 큰 것은 R과 L의 구분이 있다는 것입니다.

하야토는 R과 L에 대한 소리의구분이 필요없어 집니다. 시간이 지나, 이 아이는 두 소리를 구분하지 못하게 됩니다. 하지만 윌리암에게 이 두 소리의 구분은 중요한 모국어의 영역이기에 부분 능력이 점차 발달하게 됩니다. 이처럼 발달을 하고 싶은 영역에 대한 지속적인 자극은 뇌를 변화시킵니다.

둘째, 생존환경을 만들어라
즉각적으로 아세틸콜린을 분비해서 뇌에 각인시키는 방법이 있습니다. 그것은 바로 생존의 위협이 되는 경험입니다. 우리는 태어날 때, 불이 위험하다는 것을 모르고 태어납니다. 하지만 한 번이라도 불에 데일 뻔한 경험을 하면 그것은 즉각, 두뇌 깊숙이 자리잡게 됩니다. 뇌는 생존의 위험이 되는 것에 대해서는 특별히 가산점을 부여합니다.
외국에 수년간 체류를 했어도 언어가 늘지 않는 사람들이 있습니다. 한인들끼리만 친하게 지내고 취미 정도로 외국어를 경험한다면 우리의 두뇌는 새로운 이 언어에 대해서 마음을 열지 않을 겁니다. 하지만 외국에 조금 살았지만 금방 언어를 배우는 사람도 있습니다. 바로 외국인들을 상대로 가게에서 일을 하거나 즉각적인 대답이 필요한 환경에 있었던 사람들인데요. 우리의 뇌는 위기에 대해 가산점을 부여하므로 두뇌 가소성이 활성화 되게 됩니다.

셋째, 호기심과 보상을 제공하라
교육심리학자 라슬로프가는 천재는 '태어난 것이 아니라 만들어지는 것이다'라는 신념을 가진 사람이었습니다. 그녀는 세 딸에게 이 신념을 토대로 체스교육을 하였습니다.
먼저 아이들에게 비밀의 방에서 무언가를 하는 것처럼 하여서 체스에 대한 호기심을 불러일으켰습니다. 그리고 점차 자라면서 체스 성적에 따라서 포옹과 시선과 관심을 제공하였습니다. 아이들은 어떻게 되었을까요?
자연스럽게 색다른 체스에 대한 뇌의 회로가 발달할 수 밖에 없었습니다. 세 딸은 모두 어린 나이에 체스 그랜드마스터가 되었습니다. 호기심은 사람을 관심 끌게 하고 뇌의 재편을 활성화합니다. 탈무드, 공자, 소크라테스의 교육법은 모두 질문을 제시하며 시작합니다. 이것은 우연이 아닙니다. 다음으로 보상입니다. 우리에게 적절한 보상이 주어질 때에 뇌에서는 도파민이 분비됩니다. 이것은 자연스럽게 생존의 환경으로 이어지게 되고 더 많은 도파민 분비를 받기 위해서 뇌는 그 방향으로 노력을 하게 됩니다. 보상은 간식과 돈과 같은 물질일 필요는 없습니다. 친구들의 칭찬과 인정, 부모님의 따뜻한 시선도 뇌를 바꾸는 충분한 보상이 될 수 있습니다. 지금까지 뇌가소성과 이것을 이용해 우리의 두뇌를 발달시키는 법에 대해서 알아보았습니다. 뇌가소성이야기는 성장이 없이 정체돼 있다고 느낀 사람들에게는 절망감을 줍니다. 하지만 반대로 앞으로 좋은 자극을 주면 달라질 수 있다는 희망을 주기도 합니다. 뇌는 자신에게 대접하는 만큼 보답을 합니다. 【프롤로그 끝】

나의 첫 질문

국어공부
어떻게 해야 할까요?

제11권 : 어린이 문장강화 **웅변연설문** 편

주식회사 자유지성사

이 책을 내면서

어린이들은 참으로 많은 것을 보고 겪으며 자랍니다. 예쁜 꽃, 귀여운 동물, 싱그러운 바람, 맑은 햇살, 그리고 부모님과 가족들의 따뜻한 사랑, 아름다운 이야기…….

친구들과의 놀이, 장난감, 그림 그리기, 책 읽기, 어린이들에게 필요한 것은 참으로 많습니다.

그 중에서도 충분한 영양분은 어린이들의 몸을 자라게 해 주고 좋은 글 한 편은 정신을 살찌게 해 줍니다. 거기에 좋은 글을 쓸 수 있

는 기회가 보태진다면 더더욱 몸과 마음이 튼튼한 어린이로 자랄 것입니다.

 일기를 쓰면서 하루를 반성하고, 동시와 동화를 쓰면서 많은 상상의 세계를 펼치고, 생활문을 쓰면서 사랑을 배우고, 논설문·설명문·독후감을 쓰면서는 논리적이고 체계적인 사고력을 키우게 됩니다.

 좋은 생각이 담긴 글을 많이 읽고, 좋은 생각을 많이 해 보며, 좋은 생각을 글로 표현해 보는 것, 어린이들에게 그것만큼 소중한 것은 다시 없을 것입니다.

2025년 5월
지은이

차 례

나의 첫 질문 국어공부 어떻게 해야 할까요?

제11권 : 어린이 문장강화 **웅변연설문** 편

1. 웅변이란 무엇일까요? • 9

2. 연설문이란 무엇일까요? • 23

3. 웅변과 연설의 차이는 무엇일까요? • 37

4. 웅변 원고 작성 요령은 무엇일까요? • 57

5. 연설문은 어떻게 써야 할까요? • 87

6. 연설문은 어떤 형식을 갖고 있나요? • 115

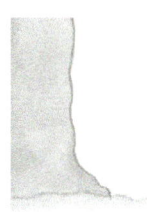

1 웅변이란 무엇일까요?

"**웅변**이란 무엇일까요?"

만약에 어린이 여러분이 그런 질문을 받았다면 뭐라고 대답하겠습니까?

"여러 사람 앞에서 큰 소리로 목청껏 외치는 것입니다."

그렇게 대답하는 어린이들도 있을 것입니다.

그것은 잘못된 생각입니다.

웅변이란 단지 청중 앞에서 큰 소리로 외치는 것이 아니라 자신의 생각이나 느낌을 말이나 표정, 어투나 몸짓 등을 이용하여 다른 사람에게 전달하여 이해시키고, 감화·감동·감명·설득시키는 말의 기술이라고 할 수 있습니다.

"우리 아이는 성격이 너무 내성적이에요."

"우리 아이는 남 앞에만 서면 말을 더듬어요."

"우리 아이는 성격이 너무 급해서 무슨 말을 해야 할 경우에는 몹시 말을 더듬지요."

그렇게 말하는 어머니들이 많습니다. 그리고 그렇게 말하는 어머니들이 가장 많이 듣게 되는 대답이 "웅변을 시켜 보세요." 하는 것입니다.

그렇듯 웅변은 어린이들의 생활에서 중요한 부분을 차지하고 있습니다.

말을 잘 하고, 어떤 상황에서 어떤 말이 어울리는지 제대로 대처한다는 것은 참으로 중요한 일입니다. 말 한 마디로 천냥 빚을 갚는다는 말도 있습니다.

그렇듯 말은 상대방을 감동시키고 설득시킬 수 있는 중요한 도구가 되는 것이지요.

즉 웅변은 하나의 언어 기술이라고 할 수 있습니다. 우리의 일상 생활에서 빼 놓을 수 없는 귀중한 생활의 일부라고 해도 무리가 아닌 것입니다.

그러므로 웅변을 배우는 기본 목적은 나의 생각이나 느낌을 다른 사람들 앞에서 거침없이 말할 수 있는 능력을 기른다는 데 있습니다.

"웅변을 하고 나서 성격이 많이 명랑해졌어요."

"평소에 소심하던 아이가 웅변에 재미를 붙인 뒤로는 어디서든 거침없이 자신의 생각을 내세울 수 있게 되었습니다."

"무슨 말을 하려고 하면 얼굴부터 빨개지던 버릇이 웅변을 하고 난 뒤로는 사라졌어요. 당당하게 말하고 대답할 줄 알게 되었습니다."

"친구를 사귈 줄 몰라서 애를 먹었는데 웅변에 자신이 생긴 뒤부터는 절대 수줍어하지 않아요. 오히려 먼저 친구를 사귈 정도로 성격이 많이 바뀌었습니다."

모두 웅변의 장점을 말해 주는 이야기들입니다.

그렇게 웅변이란 남 앞에서 나를 당당하게 내세우며 자기 주장을 펼 수 있는 사람으로 만들어 주기 때문에 여러 가지로 좋은 점이 있습니다.

다음 예문을 읽으며 웅변의 의미를 되새겨 보세요.

예문

성난 개구리

6학년 정병균

여러분! 개구리 한 마리가 조그만 호수에서 재미있게 놀고 있을 때였어요. 어디선가 날파리 한 마리가 날아오더니 호숫가에 앉아서 개구리를 놀립니다.

"개구리야, 개구리야, 우물 안 개구리야. 과자 줄게 얼굴 좀 내밀어 봐."

개구리는 성이 났지만 그래도 참았습니다.

그러나 날파리가 자꾸만 놀려 댔으므로 개구리는 그만 성이 나고 말았습니다. 그래서 개구리는 주먹만큼이나 큰 눈을 끔뻑이면서 호숫가로 엉금엉금 기어 나오며 대뜸 소리를 질렀습니다.

"이 어리석은 날파리 녀석! 어디 두고 보자! 이 녀석을 큰 입으로 냉큼 잡아먹어 버리겠다!"

"흥, 네가 나를 잡아먹는다고? 어림없는 소리 하지

마. 너 같은 게으름뱅이가 나를 어떻게 잡아먹어?"

날파리는 개구리의 머리 위로 날아가더니 발로 개구리를 차고 날개로 때리면서 자꾸자꾸 약을 올리는 것이었습니다.

그 때였어요. 저 쪽에서 커다란 황소 한 마리가 왕방울 같은 눈망울을 굴리면서 뚜벅뚜벅 걸어오고 있었습니다. 황소에게 밟히면 개구리는 그 자리에서 죽고 말

텐데 정말 큰일이었어요. 날따리는 '애앵' 하고 날아가더니 황소의 이마에 앉아서 또 개구리를 놀립니다.

"바보 같은 개구리, 못난 개구리야! 너는 날개가 없으니까 날지도 못하지?"

그리고 날따리는 황소의 발목에 앉아서 또 놀려 댑니다.

"개구리, 너는 황소 발에 밟히면 영락없이 죽고 말걸?"

개구리는 너무너무 성이 났기 때문에 미칠 것만 같았습니다.

그런데, 여러분! 이거 정말 큰일났습니다. 황소가 점점 가까이 오더니 불쌍한 개구리를 막 밟으려고 하는 것이었습니다.

바로 그 때, 이제 개구리도 참을 수 없게 되자 움츠렸던 허리를 펴고 풀쩍 뛰었습니다. 날따리도 그 순간을 놓치지 않고 다른 방향으로 날아가려고 했습니다. 그런데 어찌된 일입니까. 황소의 무시무시한 발이 날따리와, 그 날따리를 잡기 위해 뛴 개구리를 한꺼번에 밟

아 버린 것입니다. 날따리를 잡아먹겠다는 것 외에는 아무 생각도 없던 개구리는 날따리를 잡는 순간 행복했지만, 곧 이어 자신을 짓누른 황소 발 때문에, 날따리를 입에 문 채 죽어야 했습니다.

여러분, 이 우화는 단지 동화는 아닙니다. 지금 우리의 모습이 이렇지 않습니까?

우리 나라는 남북으로 갈라져 서로 아웅거리고 있습니다. 한 민족으로서 서로를 위하고 사랑하는 마음보다는 덮어놓고 이해하지 않으려 하며, 과거 문제를 들먹이면서 서로를 비방하기도 합니다.

우리가 이렇게 서로를 미워하고만 있는다면 어떻게 되겠습니까? 결국은 날파리와 개구리처럼 같이 피해를 보고 말게 될 것입니다.

우리는 이제부터라도 서로를 이해할 줄 알아야 합니다. 그래야 황소처럼 굳센 힘을 기를 수 있을 것입니다.

여러분! 우리 다 같이 하나된 마음으로 서로를 이해하자고 저는 이 자리에서 힘차게 외칩니다!

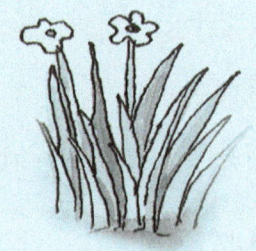

예문

미운 금붕어, 예쁜 금붕어

5학년 곽노윤

며칠 전의 일이었지요. 어항 속에 들어 있는 금붕어를 보고 우리 집 귀염둥이 철이가 방글방글 웃고 있었습니다. 물 마시며 열심히 꼬리를 흔들며 헤엄을 치는 금붕어들이 귀여워 보였던 것이지요.

금붕어란 이렇게 물만 마시면서 살지만, 사람들의 마음을 즐겁게 해 줍니다. 그렇기 때문에 사람들은 금붕어를 기르고는 하지요. 저도 마음이 우울해질 때면 어항 앞에 앉아 열심히 헤엄을 치는 금붕어들을 쳐다보며 마음을 달래고는 한답니다.

그러나, 여러분! 금붕어처럼 물만 마시고 산다고 해서 다 예쁜 금붕어는 아닙니다. 하루 종일 일은 하지도 않고 술만 마시는 나쁜 금붕어도 있기 때문이지요.

얼마 전입니다. 길을 가는데 어떤 아저씨가 축 늘어

진 채 누워 있질 않겠어요. 저는 무서웠지만 다가가서 아저씨를 흔들었습니다. "아저씨! 아저씨!" 하고 말입니다. 혹시 무슨 사고를 당한 것은 아닐까 생각했기 때문이지요. 그런데 그 아저씨는 벌떡 일어나더니 저한테 험한 욕을 하면서 저리 가라고 하는 것이었습니다.

알고 보니 그 아저씨는 일은 하지 않고 종일 술만 마시고 아무에게나 시비를 걸어 싸움을 한다는 것이었습니다.

여러분! 독일 사람들은 2차 대전이 끝나고 나서 맥주가 마시고 싶을 때는 냉수를 떠다 마셨고, 담배를 피울 때도 성냥 한 개비를 아끼기 위하여 세 사람 이상이 모여야만 성냥불을 켰다고 합니다.

어디 그뿐이겠습니까? 일본이 지금처럼 세계 강대국이 될 수 있었던 것도 휴지 한 장이라도 아끼려고 했던 국민들의 노력 덕분이었습니다.

이제는 우리도 한 톨의 쌀, 한 방울의 수돗물을 아끼며 단 1초 동안이라도 전깃불을 절약하고, 휴지 한 장이라도 아끼는 습관을 길러야 합니다. 자신의 능력을 최대한 발휘해 열심히 일하는 사람이 되어야 합니다.

그래야만 예전처럼, 아니 예전보다 훨씬 잘 사는 대한민국, 코리아가 되지 않겠습니까.? 그래야만 세계의 모든 나라들이 우리 나라를 믿고 의지할 수 있는 나라로 인정해 주지 않겠습니까?

우리가 모두 이렇게 절약하고 아낀다면, 언젠가는 미운 금붕어도 우리 동생 철이가 본 금붕어처럼 사람의 마음을 즐겁게 해 주는 금붕어가 될 것입니다.

그것만이 우리가 잘 사는 길이요, 우리가 IMF에서 벗어날 수 있는 유일한 길이라고 이 어린이, 힘차게 외칩니다!

예문

효자들이 사는 나라

6학년 최성환

여러분 융건릉에 가 본 적이 있으십니까? 그 곳은 울창한 소나무와 아름다운 꽃과 나무들이 참 많은 곳이지요.

그러나 그런 것들보다 더 아름다운 것이 있습니다.

여러분, 그것이 무엇일까요? 바로 정조대왕의 효심

입니다. 정조대왕은 뒤주에 갇혀 숨을 거둔 아버지 사도 세자에 대한 슬픔이 가장 큰 임금님이었지요. 대왕은 아버지가 누워 계신 융건릉을 찾아와 슬픔을 달래고는 하였지요.

그러던 어느 날이었습니다. 소나무에 송충이가 잔뜩 붙어 있는 것이 아니겠어요? 대왕은 너무도 마음이 아파 그 벌레를 잡아 입으로 씹었다고 합니다. 왜 그랬을까요? 바로 아버지에 대한 효성 때문이었습니다. 아버지가 누워 계신 곳에 그런 벌레가 살고 있다는 것도 견딜 수가 없었던 것이지요.

우리 나라에는 많은 효자들이 있습니다. 돌아가실 것 같은 부모를 위해 목숨을 걸고 약을 구해와 효도를 다했다는 이야기, 아버지의 눈을 뜨게 하기 위해 공양미 삼백 섬에 팔려간 심청이, 참으로 많습니다.

그러나 요즘은 어떻습니까? 부모가 귀찮아 제주도까지 가서 버리고 왔다는 이야기, 재산이 탐이 나서 아버지를 살해했다는 이야기, 참으로 기가 막힌 사건들이 많습니다.

우리 나라는 동방예의지국입니다. 자식이 부모에게 효도하는 것은 절대 자랑이 아닙니다. 칭찬받을 일도 아닙니다. 당연한 일이지요.

우리는 부모님이 안 계셨다면 이 세상에 태어날 수 없었습니다. 부모님이 안 계셨다면 따뜻한 사랑을 받으며 살 수도 없습니다. 그만큼 부모님은 우리에게 소중한 분들이십니다.

여러분, 우리 모두가 부모님께 효도하는 것을 실천에 옮긴다면 우리 나라는 다시 소문난 동방예의지국이 될 것입니다.

우리의 부모님들이 효자를 두었다고 흐뭇해 하실 수 있도록 우리 모두 최선을 다해 효도를 하자고 여러분 앞에 큰 소리로 외칩니다!

2 연설문이란 무엇일까요?

어린이 여러분도 한 번 정도는 친구들 앞에서, 또는 다른 사람들 앞에서 연설을 해 보았을 것입니다. 또는 대통령 선거 무렵이나 국회의원 선거 무렵이면 많은 후보들이 운동장에서 사람들을 앞에 두고 연설하는 모습을 보기도 했을 것입니다.

"저를 국회로 보내 주신다면 주민 여러분을 위해 최선을 다하겠습니다!"

"이 나라를 책임지고 짊어질 역군이 필요할 때입니다. 그런 역군이 누구라고 생각되십니까! 바로 여기 서 있는 사람입니다!"

그런 식으로 목청껏 연설을 하는 소리를 들었을 것입니다. 사람들은 연설을 들으면서 누구를 찍을 것인가 판단하게 되는 것이지요. 만약에 조리에 맞지 않고 서투른 연설을 하는 후보가 나왔다면 누구도 그 사람을 믿으려 하지 않을 것입니다.

"어떻게 저런 사람이 국회 의원에 나올 수 있지? 말도 제대로 조리있게 못하는 사람에게 우리 나라를 맡길 수가 없어."

만약 그런 소리를 듣는 연설을 하였다면 그 후보는 치명적인 실수를 저지른 꼴이 됩니다. 그만큼 연설은 중요한 부분입니다.

그러나 뭐니뭐니 해도 어린이 여러분에게 가장 큰 연설장은 역시 전교 어린이 회장 선거 때일 것입니다. 많은 후보들이 자신을 찍어 달라고 교실마다 찾아다니거나 기회를 만들어 연설을 하게 되는 것이지요.

"저를 우리 학교 회장으로 밀어 주십시오. 그렇게 해 주신다면 저는 여러분이 필요로 하는 부분을 철저하게 도와 드

리도록 하겠습니다."

"저를 부회장으로 밀어 주신다면 회장과 함께 여러분의 손과 발이 되겠습니다."

그런 식의 연설은 매년 있게 마련이지요.

하지만 그런 모든 연설들은 절대 그 자리에서 즉흥적으로 이루어지는 것이 아닙니다.

미리 원고를 작성해 밤을 새워 연습해 보고 고치면서 완성된 글을 연설의 형식으로 읽는 것입니다.

그렇게 미리 준비해 두어야만 말하려 하는 뜻을 정확하게 전달할 수 있기 때문이지요. 아무리 말솜씨가 뛰어나다 해도 그 자리에서 즉흥적으로 조리 있고 체계적인 말을 하기란 쉽지가 않습니다. 또한 진실성이 엿보일 수 있는 말을 곁들이기란 더욱 어렵습니다.

"저를 찍어 주세요. 그렇게 해 주시면…… 여러분에게 여러 가지를 해 드리겠습니다. 학교 앞의 문방구, 아니 분식점을 찾아다니며 떡볶이를 팔지 말라고 할 것이고……."

그런 식으로 아무런 설득력도 없고 앞뒤도 맞지 않는 연설을 한다면 누구도 귀담아 듣지 않겠지요.

그렇기 때문에 연설에서는 대중 앞에 나가기 전에 미리

연설문을 적어 두는 것이 가장 중요합니다. 그러면 당황하지 않고 자신있게 연설을 할 수 있게 됩니다.

연설문이란 자기의 생각이나 주장을 여러 사람을 앞에 두고 내세우기 위한 목적으로 쓰는 글입니다.

즉 연설문은 많은 사람 앞에서 자신의 생각을 조리 있고 체계적으로 설명하고 설득시키기 위하여 연설을 하기 전에 미리 써 보는 글이라고 할 수 있습니다.

세계적으로 유명한 연설문은 참으로 많습니다. 여러분도 링컨의 게티즈버그 국립 묘지 설립 기념식 연설에서 했던 연설문을 잘 기억하고 있을 것입니다.

"국민의, 국민에 의한, 국민을 위한 정부는 지상에서 영원히 사라지지 않을 것입니다!"

그 유명한 불멸의 연설은 지금도 국민을 주인으로 모셔야 하는 정치인들의 귀감이 되고 있는 것입니다.

그렇듯 소중한 연설 한 마디는 영원히 우리 가슴에 살아 있게 마련입니다.

자, 지금부터 여러분은 연설문의 예문을 살펴보면서 직접 연설문을 다듬어 보는 기회를 갖도록 하십시오.

예 문

어린이 회장 선거 연설문

6학년 양은경

존경하는 어린이 여러분! 이번 전교 어린이 회장 선거에 출마하게 된 6학년 양은경입니다.

어린이 여러분, 혹시 여자인 제가 이 앞에 선 것에 대해 놀라셨습니까? 아니면 못마땅하십니까? 그것도 아니라면 반가우십니까?

네, 지금까지 우리 학교의 전교 어린이 회장은 늘 남학생이 해 왔고, 아무도 그것에 반기를 드는 사람은 없었습니다. 남학생만이 전교 어린이 회장 선거에 출마하고 당선되는 것은 당연하고도 자연스런 절차에 불과했던 것입니다.

그러나 여러분!

저는 우리가 너무도 당연하고 자연스럽게 여기고 넘어간 그 생각에 이제 반기를 들려 합니다. 그 누구도

　이상하게 여기지 않았던 부분에 '왜?'라는 질문을 하고 싶습니다.

　우리는 왜 여학생이 전교 어린이 회장을 꿈꾸면 안 되었을까요? 우리는 왜 어른들의 생각을 그대로 이어받아 남학생만이 전교 어린이 회장을 해야 된다고 여겼을까요?

　그것은 아마도 우리가 그런 사고 방식에 너무도 익숙해졌기 때문일 것입니다. 우리는 언제부터인지 이렇게 어른들이 이미 만들어 놓은 틀에만 익숙해지게 되었고, 그런 것들을 깨뜨리려 하지 않게 되었습니다. 남존여비 사상을 너무도 당연하게 여기는 것이지요.

하지만 여러분! 너무도 부당하다고 생각되지 않습니까? 어리석다고 여겨지지 않습니까?

우린 학교에서 좋은 말들을 많이 듣습니다. 그 중 하나는 남녀평등에 대한 것입니다. 선생님들은 우리에게 언제나 남녀는 평등하다고 하십니다. 우리는 그 말을 들으며 생활합니다. 하지만 현실은 그렇지만도 않습니다. 학교에서, 교과서에서, 선생님 말씀에서 우린 참으로 좋은 얘기만 듣지만 그런 좋은 얘기들이 현실과 거리가 먼 경우가 많습니다. 이제부터라도 그런 것들을 현실로 쉽게 적용하기 위해서는 비판하는 힘을 길러야 합니다. 부당한 현실을 비판할 줄 알아야 하고, 고칠 수 있도록 당당히 노력해야 합니다.

어린이 여러분!

저는 이번 전교 회장 선거에서 유일한 여자 후보입니다. 누군가는 저에게 용기 있다고 말하고, 누군가는 제법인데, 하고 말합니다. 하지만 제가 가장 참기 힘든 것은 '여자가?' 하는 식의 표정입니다. '여자애가 부회장도 아니고 회장이 되겠다는 것인가'라고 말하는 듯한 눈빛을 볼 때마다 저는 정말로 화가 납니다.

내가 바뀌지 않고 남이 바뀌기를 바라는 것은 헛된 바람입니다. 남이 바뀌고, 세상이 바뀌기를 원한다면 우선 자기 자신부터 변해야 하고 바뀌어야 하는 것입니다.

어린이 여러분! 제가 나온 것이 아직도 놀랍습니까? 아니면 못마땅하십니까? 그것도 아니라면 반가우십니까?

어떤 반응이어도 좋습니다. 저는 그런 반응이 두려운 것이 아니라 여러분이 영원히 여자 전교 어린이 회장에 익숙하지 못할까 두렵습니다.

전 기대하겠습니다. 여러분이 저를 통해서 여자 전교 어린이 회장뿐 아니라 여자 국회의원, 여자 군인, 여자 대통령에도 익숙해지길 말입니다.

여러분의 한 표를 기다립니다.

2. 연설문이란 무엇일까요? 31

예문

독서하는 어린이에 대한 바람

5학년 김호수

어린이 여러분!

21세기는 창조적이고 자기 표현에 능동적인 사람이 대우받는 세상이 될 것입니다. 지금까지는 다만 공부 잘 하고 선생님 말씀 잘 듣는 모범적인 학생이 평가받고 대우받았으나, 우리가 어른이 되었을 때에는 틀 안에서 잘 하는 사람이 아니라 틀을 벗어나 새롭게 생각할 줄 아는 사람이 주역이 되는 것입니다.

그렇다면 창조적이고 자기 표현에 능동적인 어린이란 어떤 어린이일까요?

네, 그렇습니다. 주어진 상황에서만 생각하는 어린이가 아니라 남들이 감히 생각하지 못했던 것도 생각할 줄 알고, 표현할 줄 아는 어린이가 창조적이고 자기 표현에 능동적인 어린이입니다.

이런 어린이가 되기 위해서는 학교 공부에만 공부 벌레처럼 매달려서는 안 됩니다. 자신이 하고 싶고 좋아하는 분야에 대해 평소 관심을 갖고 그에 관련된 많은 책들을 읽어야 합니다.

어린이 여러분!

우리는 여러 가지 이유를 대고 책을 멀리합니다. 공부를 해야 한다, 학원에 가야 한다, 친구와 놀아야 한다 등, 책을 멀리하는 우리의 핑계는 참으로 다양합니다.

하지만 책 속에서 우린 무한한 꿈을 꿀 수 있고, 상상을 펼 수 있으며, 생각의 깊이를 경험할 수 있습니다. 이런 꿈과 상상과 경험 없이는 창조적인 어린이도, 자기 표현에 능동적인 어린이도 될 수 없습니다.

어른들은 사람이란 누구나 불완전한 존재라고 말씀하십니다. 아무리 똑똑하고 세계를 뒤집을 만큼 용감한 사람이라도 결코 완벽할 수는 없습니다. 하물며 우리 어린이라면 어떻겠습니까? 우리 어린이 역시, 그 누구도 완벽하진 않습니다.

완벽하지 않은 우리를 성장시키는 것은 무엇일까요? 물론 부모님이나 선생님, 친구들도 우리를 성장시키는 고마운 분들입니다.

하지만 정해진 사람들과의 만남 속에서는 정해진 사람, 모범적인 사람, 틀 안에서만 안주하는 사람밖에는 될 수 없습니다. 우리가 정해진 사람이 되지 않고, 틀을 부술 수 있고, 안주하지 않는 사람이 되는 길은 책을 가까이 하는 것입니다.

책 속에는 사람들과 세상이 미처 가르쳐 주지 않은 많은 것들로 가득합니다. 우린 그 책을 통해 세상에 순응하는 사람이 아니라 세상을 개척해 나갈 수 있는 어른이 될 수 있습니다. 또한 세상을 개척해 나갈 수 있는 사람이야말로 새로운 시대가 요구하는 사람인 것입니다.

제 주변에 있는 친구들만 해도 책에는 별 관심이 없습니다. 책이란 축구 게임이나 텔레비전의 오락 프로보다 덜 매력적이라고 여기기 때문입니다.

하지만 미래를 준비하는 어린이라면 축구 게임만큼,

텔레비전 오락 프로만큼 책을 사랑하고 가까이 할 줄 알아야 합니다.

　진정한 미래의 주인공이 되기 위하여 여러분, 저와 함께 독서의 즐거움을 찾지 않겠습니까?

3 웅변과 연설의 차이는 무엇일까요?

우리는 대체적으로 웅변과 연설을 혼동하는 편입니다. 웅변을 하라고 하면 연설을 하라는 것으로 생각하고, 연설을 하라고 하면 웅변을 하라는 것쯤으로 오해하는 경우도 많습니다.

그렇지만 웅변과 연설에는 약간의 차이가 있습니다.

웅변은 여러 사람 앞에서 자신의 주장을 거침없이 말하는 것입니다.

연설은 많은 사람 앞에서 자신의 의견이나 주장을 조리

있게 말하는 것입니다.

> 예문
>
> "우리는 저축하지 않고 잘 사는 나라를 기대할 수 없습니다. 돈을 버는 것만 힘들어할 것이 아니라 쓸 때도 힘들게 선택을 해야 되지 않겠습니까? 그래야 부강한 나라로 발전할 수 있지 않겠습니까?"

위의 글은 웅변문입니다.

> 예문
>
> "여러분은 똑똑하고 잘난 지도자를 원하지 않습니다. 조금은 미련하더라도 여러분을 위하여 최선을 다하는 개미 같은 지도자를 원하고 계십니다."

위의 글은 연설문에 속합니다.

이렇게 설명을 해도 웅변과 연설은 쉽게 구분이 안 될 것

입니다. 그만큼 두 가지는 비슷한 점이 많다고 할 수 있지요.

더 쉽게 설명을 하자면 어린이 여러분이 많은 친구들을 앞에 두고,

"쓰레기를 함부로 버리지 맙시다!"

라고 외쳤다면 그것은 웅변입니다.

그리고 대통령이 텔레비전에 나와,

"국민 여러분이 힘을 합친다면 나라의 어려움은 쉽게 극복할 수 있습니다."

라고 한다면 그것은 연설입니다.

많은 사람들 앞에서 말을 한다는 점에서는 두 가지가 비슷해 보이겠지만 연설과 웅변은 이렇듯 분명히 차이가 있습니다.

이제 이 두 가지를 좀더 자세히 살펴보겠습니다.

첫째, 웅변은 가급적 강압적이고 확고한 태도로 여러 사람 앞에서 뭔가를 요구하고 선동하는 말하기입니다. 그러므로 내용이 분명하고 직접적입니다.

어린이 여러분이 많이 경험해 본 것도 바로 웅변입니다.

> **예문**
>
> "저를 우리 반을 이끌고 갈 반장으로 밀어 주십시오. 열심히 최선을 다해 여러분의 심부름꾼이 되겠습니다."

> **예문**
>
> "여러분이 앞장서서 질서를 지키지 않는다면 자동차 사고는 끊임없이 일어날 것입니다. 지나가는 차가 없더라도 빨간불이 켜져 있으면 파란불이 켜질 때를 기다리는 자세가 필요합니다."

예문

"북한을 미워하는 것은 우리가 할 행동이 아닙니다. 우리는 전쟁을 모르고 자랐습니다. 그런데도 무작정 북한 사람들을 적으로만 생각하고 있습니다. 이제부터라도 북한 사람들도 우리와 같은 단군의 자손이라는 것을 잊어서는 안 될 것입니다."

위의 글들처럼 웅변의 본 뜻은 계몽을 목적으로 합니다. 그러나 어린이들이 웅변을 하는 목적은 여러 사람 앞에서 주눅들지 않고 자신있게 의사 표시를 하기 위한 말하기 연습이 목적이라고 해도 과언이 아닐 것입니다.

다음 웅변 원고를 읽으며 직접 연사가 되어 보는 것도 좋을 것 같습니다.

예 문

아버지의 편지

6학년 허무경

머나먼 열사의 나라인 사우디아라비아! 저의 아버지는 기능공으로 저 먼 사막의 뙤약볕 아래에서 땀을 흘리고 계십니다.

어머니보다도 일을 더 사랑하시는 아버지! 오늘의 고통보다는 내일의 행복을 위하여 근면하게 일하시는 저의 아버지는 산을 뚫어 길을 내는 일을 하시며 고향과 가족을 생각하며 내일의 꿈을 그리고 계신답니다. 하루가 멀다 않고 부쳐오는 땀 냄새 흠뻑 적신 아버지의 편지에는, "사랑하는 내 딸 무경아! 아버지는 경제난 속에서도 한 나라의 국민으로서 자부심을 가지고 열심히 일하고 있단다. 땀 흘린 만큼의 보수를 받으며, 긍지와 자부심을 가지고 밝은 햇살이 비칠 내일을 위하여 언제나 즐거운 마음으로 일할 수 있단다."라고 씌어 있는

것을 볼 때마다, IMF 극복이나 선진국의 창조는 어려운 일이 아니라는 것을 알 수 있습니다.

우리 국민 모두가 우리 아버지처럼 오늘의 고통을 참고 내일을 위하여 자신의 자리에서 최선을 다한다면 복지 사회 건설, 선진 조국은 기어이 창조될 것이라고 자신 있게 주장합니다.

여러분! 우리 아버지들이 이렇게 열심히 일하고 있는데 지금 우리의 모습은 어떻습니까? 하라는 공부는 하지 않고 다른 것에 정신을 팔고 있는 학생들, 폭력을 휘두르며 다른 학생들의 돈을 빼앗는 학생들, 죄의식 없이 함부로 돈을 쓰고 다니는 학생들……. 정말 부끄러운 일이 아닐 수 없습니다.

여러분! 저는 고국 땅이 그립고 가족이 보고 싶을 때 담배 연기 뿜어 내며 땀 흘려 일하는 한국인 기능공 우리 아버지를 그 누구보다 존경합니다. '우리의 가족을 위하여 나 자신의 고통쯤은 참자! 우리 나라의 발전을 위하여 밤낮없이 일하자! 지금은 누추하지만 이런 땀방울로 우리가 그 동안 잘 살아오지 않았는가!' 이렇게 생각하시며 근면하게 일하신다는 고마운 아버지를 생각하면 저절로 고개가 숙여집니다.

지금 우리의 현실을 잊어버린 채 열심히 일하는 사람을 오히려 하찮게 여기는 사회 곳곳의 정신 자세를 바로잡아야 합니다. 그래서 풍요로운 사회, 잘 사는 나라를 창조해야 되겠다고 큰 소리로 외칩니다.

 어린이 여러분! 독일 사람들은 근면하고 절약하는 정신 자세로 라인 강의 기적을 이루었다고 합니다. 우리는 우리가 자랑하는 부지런한 정신 자세를 다시 일깨워 우리를 힘들게 하는 IMF에서 벗어나야겠습니다.

 우리는 지난 시절 '한강의 기적'을 일구어 낸 국민입니다. 아무것도 없는 것에서 눈부신 발전을 이루었습니다. 그 발전된 모습을 다시 찾기 위하여, 나아가 선진국 대열에 자랑스럽게 끼기 위하여 자신의 위치에서 최선을 다하자고 이 학생 목청껏 외칩니다!

예문

십원짜리의 소중함

3학년 이기훈

어제 문방구 앞으로 지나올 때였습니다. 어떤 아저씨가 지나가다가 땡그랑, 하고 동전을 떨어뜨렸습니다. 그런데 그 아저씨는 그것도 모른 채 그냥 지나가는 것이었습니다. 저는 얼른 달려가 동전을 주웠습니다. 십원짜리 동전이었습니다.

"아저씨 동전 떨어졌어요."

저는 아저씨께 동전을 갖다 드렸습니다. 그랬더니 그 아저씨는 허허 웃으면서 이렇게 말씀하셨습니다.

"이 녀석아, 그렇게 할 일이 없어? 나도 떨어진 거 다 알고 있었어."

하면서 그냥 가시는 것입니다.

저는 너무 화가 났습니다. 만약에 그렇게 버려진 십원짜리 동전을 다 모은다면 얼마나 많은 돈이 될까요?

> 아마 굉장히 많을 것입니다. 하지만 우리가 잃어버린 것은 십 원짜리 동전이 절대 아닙니다. 바로 저축하는 마음입니다. 십 원짜리 하나도 아낄 줄 모르는 사람이라면 저축이 얼마나 소중한 것인지도 모를 것입니다.
>
> 여러분, 여러분도 혹시 십 원짜리 동전은 돈도 아니라고 생각하시는 것은 아닙니까?
>
> 우리 국민 모두가 십 원짜리 동전 하나라도 아끼는 자세로 저축을 하고 아껴 쓴다면 우리 나라는 금방 잘 사는 나라가 될 것이라고 믿습니다!

둘째, 연설은 비교적 침착한 태도로 여러 사람 앞에서 설득을 목표로 하는 말하기입니다.

하지만 연설에서의 설득은 강압적이거나 지나치게 당위적이지 않습니다. 말하려는 내용, 즉 주장은 대체로 간접적으로 표현되는 것이 대부분입니다.

자신의 생각이나 의견을 조리 있게 펼쳐서 상대방도 나와 같은 생각을 해 주기를 바라는 것입니다.

그렇게 조리 있게 상대방을 설득할 수 있는 사람은 듣는 사람보다 생각이 앞서야 합니다. 만약에 듣는 사람들의 수준이 굉장히 높은데 초등 학생들에게 들려 줘야 하는 단순한 연설을 한다면 누구도 귀담아 듣지 않을 것입니다. 또한 초등 학생들 앞에서 알아듣기 어려운 정치 연설을 한다면 그것도 안 됩니다. 그러므로 듣는 사람에 맞추어 연설문을 쓸 줄 알아야 합니다.

다음은 역사적으로 유명한 브루투스의 연설문 〈시저보다 로마를 더 사랑하기에〉입니다.

예문

시저보다 로마를 더 사랑하기에

브루투스

나의 사랑하는 로마 시민 여러분! 잠시 동안 조용히 나의 말을 들어 주시기 바랍니다.

나의 인격을 믿고 나의 명예를 생각하여 이 브루투스의 말을 의심치 마십시오. 여러분은 분별력 있는 마음으로 내 말의 옳고 그름을 판단해 주시기 바랍니다.

만약 여러분 가운데 시저를 사랑하는 분이 계시다면 이 브루투스의 시저에 대한 사랑도 결코 그 분에게 뒤떨어지지 않는다고 단언합니다.

그러면 무슨 까닭에 시저를 죽였느냐고 물으신다면 그것은 결코 '시저'를 사랑하는 마음이 적은 것이 아니라 '로마'를 사랑하는 마음이 더욱더 크고 두터웠기 때문이라고 대답하겠습니다.

여러분은 시저가 살아 있음으로 해서 로마 사람들이

노예가 되는 것을 원하십니까? 아니면 시저가 죽음으로써 로마 사람들이 자유의 인민이 되는 것을 원하십니까?

나는 시저가 나를 사랑했기 때문에 그를 위하여 눈물을 흘리는 것입니다. 그는 행운아였던 까닭에 나는 기뻐합니다. 그가 용감하였던 까닭에 나는 존경합니다.

그러나 나는 그가 야심을 품었기 때문에 눈물을 뿌리며 그를 죽였습니다. 야심에 대해서는 죽임이 있을 따름입니다.

여러분 가운데에는 노예가 좋아서 '로마' 사람이 아니기를 원하는 사람이 있습니까? 나를 사랑하지 않은 사람이 어디 있겠습니까? 만약 있다면 있다고 말씀하십시오. 나는 여러분의 대답을 기다리고 있겠습니다.

(군중 속에서 "없다"라는 말이 나옴)

한 사람도 없습니다. 그렇다면 여러분은 내가 한 일을 책망하지 않는다는 것으로 알겠습니다. 내가 시저에게 한 일은 여러분이 브루투스를 대신하여 하셔야 할 일이 아니었겠습니까?

시저의 죽음 경위는 캐피탈 전당 기록에 올려져 그의 명예는 추호도 손상됨이 없이, 그의 죄 또한 더 이상 지워지는 일 없이 전해질 것입니다.

오! 시저의 시체 옆을 마르쿠스 안토니우스가 울면서 올라옵니다. 안토니우스는 시저를 죽이는 일에 가담하지는 않았습니다만 여러분과 함께 시저의 몰락으로 많은 것을 얻은 공화국의 한 사람이 될 것입니다.

이 브루투스는 나라를 위해서 눈물을 머금고 가장 사랑하는 친구를 죽였습니다.

만약 '로마'가 '브루투스'의 죽음을 원하는 때엔 '브루투스'는 언제든지 '시저'를 죽인 것과 똑같은 칼을 이 몸에 받기를 사양하지 않을 것입니다.

감사합니다.

예문

게티스버그 연설

링컨

 87년 전 우리의 조상들은 자유의 이념 아래 싹트고, 만인은 평등하게 창조되었다는 명제에 투철한 새로운 국가를 이 대륙에 세웠던 것입니다. 이제 우리는 이 나라, 또는 이와 같은 이념과 명제를 내세우는 어떠한 나라가 과연 오래도록 지속될 수 있는가를 시험하는 큰 내란을 치르고 있습니다.

 현재 우리는 그 전쟁의 거대한 싸움터에서 만나고 있는 것입니다. 우리는 이 나라가 존속할 수 있도록 이곳에서 생명을 바친 사람들의 마지막 안식처로 그 싸움터의 한 조각을 헌정하기 위해 왔습니다. 우리가 이런 일을 하는 것은 아주 적절하고 옳은 것입니다.

 그러나 보다 더 큰 의미에서 볼 때 우리는 이 땅을 헌정할 수도 없고, 봉납할 수도 없고, 신성하게 할 수도 없습니다. 전사자이건 생존자이건 이 곳에서 싸웠던 사람들이 더하거나 빼는 우리의 미약한 힘을 초월하여 이미 이 땅을 신성하게 했기 때문입니다.

세상 사람들은 우리가 이것에서 말하는 것을 주목하지도 않을 것이며, 오래 기억하지도 않을 것입니다. 그러나 그들이 이 곳에서 이룩해 놓았던 업적을 영원히 잊을 수는 없을 것입니다. 그러므로 이 곳에서 싸웠던 사람들이 오늘날까지 그처럼 숭고하게 추진해 온 그 미완성의 과업에 전력해야 하는 것은 오히려 우리들 생존자인 것입니다.

우리는 우리 앞에 남겨진 위대한 과업, 즉 이들 명예로운 죽은 자들로부터 그들이 마지막까지 몸바쳐 지키려 했던 대의에 가일층 헌신해야 하며, 이들 앞서간 사람들의 죽음이 헛되지 않도록 굳게 결심해야 하며, 이 나라가 하느님의 가호하에 새로운 자유의 탄생을 누리게 해야 하며, 국민의, 국민에 의한, 국민을 위한 정부가 영원히 지상에서 사라지지 않도록 굳은 결의를 해야 하는 것입니다.

3. 웅변과 연설의 차이는 무엇일까요? · 55

앞의 연설문은 1863년 11월 19일, 남북 전쟁 당시 격전지였던 펜실베이니아 주 게티스버그에서 전사한 전몰 용사 헌정식에서 행한 세계 5대 명연설 중의 하나입니다. 당시 국무장관과 하버드 대학 총장을 역임한 능변가인 에버릿은 2시간의 마라톤 연설을 했으나 링컨은 단 3분간의 간결한 연설로서 불후의 명연설을 남겼던 것이지요.

4 웅변 원고 작성 요령은 무엇일까요?

좋은 원고를 써야 좋은 웅변이 나옵니다. 좋은 웅변 원고를 작성하려면 지켜야 할 약속이 몇 가지 있습니다. 그 약속은 다음과 같습니다.

첫째, 웅변할 기발한 제목과 내용을 정해야 합니다.

제아무리 좋은 내용이라도 웅변할 내용이 약할 경우에는 힘을 얻기 어렵습니다.

둘째, 정한 웅변의 주제에서 절대 이탈해서는 안 됩니다.

웅변은 원고로 남을 설득하는 것이 아니라 말로써 설득시키는 것입니다. 그래서 무엇보다 뭘 말하고자 하는지 그 목표를 정해 그 길을 이탈하는 일이 절대 없어야 합니다.

셋째, 충분한 자료가 수집되어야 합니다.

자료 없이 무조건 생각만으로 원고를 썼다면 청중을 감동시킬 수 없습니다. 그렇기 때문에 충분한 자료를 먼저 수집해야 합니다.

넷째, 시대적 배경을 알아야 합니다.

21세기를 눈앞에 두고 있는데 옛날의 묵은 이야기를 글감으로 끄집어낸다면 과연 청중들이 호응해 줄까요? 절대로 아니죠. 그렇기 때문에 그 시대적 배경에 맞는 원고를 써야 한다는 것은 기본 상식입니다.

다섯째, 복잡해서는 안 됩니다.

정해진 시간은 짧은데 많은 이야기를 해야 되겠다고 생각하면 내용이 복잡해집니다. 그렇게 되면 무슨 말인지 전혀 분간할 수가 없게 됩니다. 단순하면서도 분명한 내용을 담을 수 있어야 합니다.

여섯째, 시간 제한을 잊지 말아야 합니다.

웅변을 할 때는 보통 제한 시간이 정해져 있습니다. 너무 긴 시간을 필요로 하는 웅변은 그만큼 설득력이 떨어질 것입니다. 대신 너무 짧은 원고도 할 말을 다 할 수 없기 때문에 청중들의 호응을 얻어 내기가 힘듭니다. 그렇기 때문에 정한 시간에 맞춰 글을 쓰는 요령이 필요합니다.

일곱째, 웅변할 장소가 어디인지 미리 알아야 합니다.

예를 들어 넓은 운동장에서 하는데 작은 교실에서 하는 듯한 웅변을 한다면 어떻게 될까요? 어디에서 웅변을 하게 될 것인지 미리 파악해서 거기에 맞는 웅변 원고를 준비해야 합니다.

여덟째, 청중에 대한 정보가 많아야 합니다.

즉 청주의 수, 나이, 신분, 성별에 대해 충분히 알고 있어야 합니다.

적을 알고 나를 알면 백전 백승한다는 말이 있습니다. 백 번 싸워서 백 번 이길 수 있으려면 웅변을 들을 사람들의 성분을 미리 알고 있어야 합니다. 그래야 거기에 맞는 원고를 쓰고 거기에 맞는 웅변을 할 수 있을 것입니다.

아홉째, 확실한 신념이 있어야 합니다.

그렇습니다.

만약 나 자신도 정확하게 믿을 수 없는 내용을 청중 앞에서 웅변할 경우에는 아무도 감동을 하지 않습니다. 웅변하는 사람 자신이 무슨 말을 하려는지 확실한 신념이 엿보여야 합니다.

열 번째, 수사법을 적절하게 씁니다.

내용에 맞는 말이나 문장을 사용하여 보다 많은 감동을 얻어 낼 수 있어야 합니다.

열한 번째, 쉬운 말과 어감이 좋은 말, 어법에 맞는 말을 사용하여야 합니다.

만약에 나이 많은 할아버지들 앞에서 젊은 사람들이나 쓰는 말을 쓴다면 아무도 그 뜻을 이해할 수 없을 것입니다. 또한 무슨 말인지 앞과 뒤가 맞도록 어법에 맞는 말을 써야 합니다.

열두 번째, 생생하고 축소된 문장으로 표현하되 구체적으로 써야 합니다.

웅변에서 중요한 것은 청중들의 눈과 마음을 빼앗는 것입니다. 그러므로 연사는 흥미 있는 주제를 선택하여 청중을 압도하는 힘으로 웅변을 해야 하며 이를 위해서는 문장 표현에 충실해야 합니다.

위에서 열거한 여러 가지 약속을 잘 지켜 준 웅변 원고를 이제 살펴보세요.

예 문

'기도하는 손' 처럼

6학년 천영훈

여러분! 그림 그리는 것을 아주 좋아하시는 우리 삼촌은, 화가에 대한 이야기를 자주 해 주십니다.

〈기도하는 손〉을 그려서 세계적으로 유명해진 독일의 화가 뒤러는, 가난한 집안에서 태어나 공부하고 싶어도 하지 못한 불쌍하고 가련한 소년이었습니다.

남들은 학교에서 공부할 때 가련한 이 소년은 교문 앞에서 서성거리고, 남들이 맛있는 음식을 먹을 때 군침만 삼켜야 했는데, 마음씨 착한 뒤러의 친구가 공장

4. 웅변 원고의 작성 요령은 무엇일까요?

에서 일을 하여 번 돈으로 학교를 보내 주었다고 합니다. 불쌍한 두 친구는 조그만 방 한 칸을 얻어 자취 생활을 하기도 했다고 합니다.

"부지런히 일하자! 열심히 공부하자!"

둘은 서로가 서로를 믿으면서 공부하고 일하여 남들이 부러워하는 사이 좋은 친구가 되었습니다.

그러던 어느 추운 겨울날 밤, 뒤러가 학교에서 공부를 마치고 집에 돌아왔을 때, 방 안에서 들려오는 소리가 있었습니다.

"나의 친구 뒤러가 세계적으로 유명하고 훌륭한 화가가 되게 해 주십시오."

하느님 앞에 무릎을 꿇고 앉아 두 손을 모으고 기도하는 친구의 그 손을 문틈으로 들여다본 뒤러는 가슴 북받쳐 흐르는 눈물을 참을 수 없었습니다. 얼마나 열심히 일을 했던지 손가락 마디마다 금이 가고 부르터, 차마 눈 뜨고 볼 수 없는 친구의 기도하는 손!

화가 뒤러는 흐르는 눈물을 참지 못하면서 그 손을 그림으로 그렸으니, 이것이 곧 세계적으로 유명한 〈기도하는 손)이라는 작품입니다. 불쌍하고 가련했던 소년 뒤러는, 친구의 희생으로 세계적으로 유명한 화가가 될 수 있었던 것입니다.

여러분! 우리 사회에는 뒤러처럼 너무나도 불쌍한 친구들이 많습니다.

남들은 운동장에서 뛰고 달리는데 창문을 내다보고 앉아 있어야만 하는 친구! 남들은 새롭고 좋은 학용품을 쓰는데 몽당 연필 하나 제대로 쓰지 못하는 어린이들도 많습니다.

우리들처럼 꿈을 키우고, 5월의 푸른 하늘을 마음껏 소리치면서 씩씩하고 올바르게 자라야 할 어린이들 중에는 골목길 담장 밑에서 막대기로 글자를 쓰면서 배고픔을 달래거나 부모를 잃고 길거리를 헤매는 고아들도 있습니다.

여러분! 우리는 우리의 맑고 고운 마음씨를 불우한 어린이들을 돕고 보살피는 데 써야겠습니다.

우리의 손발이 부르트고 닳더라도 불우한 어린이들과 이웃을 도와서, 눈뜨지 못하는 친구들에게는 우리의 깨

끗한 마음으로 그들의 눈이 되어 주고, 걷지 못하는 친구들에게는 우리가 발이 되어 주며, 가난한 친구들에게는 우리가 손이 되어 주어야 합니다. 가난 친구를 위하여 기도하는 뒤러의 친구처럼 착하고 고운 마음씨로 도와 줍시다.

여러분! 서로 돕고 사랑하는 명랑한 사회! 불우한 이웃이 없는 복된 사회를 만들기 위하여, 어른들은 물론 우리 어린이들도 '기도하는 손'처럼 불우한 친구를 사랑하는 손이 되고, 기도하는 친구의 마음처럼 불우한 이웃을 돕는 착하고 아름다운 마음씨를 갖자고 힘차게 외칩니다!

웅변 원고의 작성 요령을 알았다면 이제 직접 자신의 손으로 자신이 웅변할 원고를 써 보도록 합니다.

직접 원고를 쓸 때, 웅변 원고 작성의 효과적 구성을 알아 둔다면 도움이 됩니다.

제 1단계 : 주제의 제시

제 1단계는 앞으로 웅변할 내용의 주제를 제시하는 부분입니다.

그러나 곧바로 직접적인 제시를 하는 것이 아니라, 주제와 관련된 흥미 있는 말로 시작하여 듣는 사람이 그 웅변을 진지하게 들을 수 있도록 해야 합니다.

이를 위해서 새로운 뉴스나 놀라운 이야기를 곁들이거나 재미있는 말을 인용하기도 합니다.

즉 처음부터 말하고자 하는 문제의 핵심을 드러내서는 안 됩니다. 청중이 들으면서 연사와 함께 무엇을 말하려 하는지 파악해 나가도록 유도합니다.

예문

우리 엄마 깍쟁이

우리 엄마는 깍쟁이랍니다. 개구쟁이 동생이 사달라고 조르는 장난감 불자동차도 안 사주시고, 제가 갖고 싶은 예쁜 인형 하나도 안 사주시는 우리 엄마는 깍쟁이이기 때문에 우리가 기분이 나쁠 때마다 "우리 엄마 구두쇠, 우리 엄마 깍쟁이"라고 투덜대지요.

그런데, 몇 달 전 일이었답니다. 구두쇠, 깍쟁이라는 말을 들으면서도 저축하며 알뜰하게 살아 보자던 우리 집이었는데, 아빠가 피우시던 담배 꽁초 때문에 우리 집에 불이 나고 말았답니다. 응접실 의자에 불이 붙고 천장이 불타면서 아빠가 귀여워하시던 새장 속의 잉꼬새가 울면서 죽어 갔고, 어항 속의 금붕어도 퍼덕거리다가 죽어 갔습니다. 엄마·아빠가 모으고 아끼던 가재 도구가 모두 불타고 있을 때, 소방수 아저씨들은 빨간

　불자동차를 타고 와서 불을 끄면서 가재 도구를 구하고 우리의 목숨을 구하려고 열심이었는데도 이미 저희 집은 잿더미가 되고 말았습니다.

　개구쟁이 제 동생은 가지고 싶었던 장난감 불자동차 대신 진짜 불자동차를 보게 되었다고 이리 뛰고 저리

> 뛰면서 좋아했지만, 잿더미가 된 빈 집터에서 눈물 흘리시는 깍쟁이 엄마가 전 가여웠습니다.
>
> 담배 꽁초를 원망하면서 미안하다고 말씀하시던 아빠도 불쌍했습니다. 먹고 싶고 입고 싶은 것을 참고 알뜰하게 모은 재산을 불태워 버린 우리 엄마·아빠가 가엾고 불쌍했으며, 우리는 어디에서 살아야 할 것인지 걱정스럽기만 했습니다. 불이 이처럼 무섭다는 것을 두 주먹을 꼭 쥐고 떨면서 알았습니다. 발을 동동 구르면서 알았습니다.

제 2단계 : 주제의 분석

제 2단계는 청중과 연사가 호흡을 같이 하여 주제의 핵심을 푸는 부분입니다. 주제의 구체적인 예를 들어 문제를 제시하고, 그 문제를 같이 해결할 수 있도록 청중의 심리를 유도하여야 합니다.

예 문

그런데, 여러분! 우리 깍쟁이 엄마 좀 보십시오. 어느 새 우리 엄마는 숟가락과 밥그릇을 가지고 나오셨고, 아빠의 서류 보따리를 가지고 나오셨습니다. 그리고 울고 있는 저에게 봉투에 든 서류를 보여 주시면서,
"울지 마라! 이제 조금만 고생하면 다시 새 집을 마련할 수 있고, 아빠가 사랑하시던 잉꼬새도, 어항 속의 금붕어도 다시 살 수 있단다. 이것이 바로, 화재 보험 증서다."
라고 말씀하셨을 때, 저는 기뻐서 어쩔 줄을 몰랐습니다. 구두쇠, 깍쟁이 엄마라고 투덜댔던 것을 뉘우치면서, 깍쟁이 엄마 만세! 화재 보험 증서 만세!를 부르며 기뻐할 수 있었습니다.

4. 웅변 원고의 작성 요령은 무엇일까요?

제3단계 : 주제의 정리

주제가 어떤 것이라는 것을 분명히 밝혀야 하며 원인과 결과를 설명하고 궁금증을 풀도록 해 줍니다. 주제의 내용을 다시 요약하고 강조하여 재확인시키고 주장하려는 뜻을 종합적으로 정리해 주어야 합니다.

예 문

여러분! 불이란 무서운 것이랍니다. 여러분의 집에도 불이 났다고 생각해 보십시오. 우리가 평화스럽게 살아야 할 집이 불타 버린다면 우리는 어디에서 살아야 할까요? 무서운 불길 속에 어머니, 아버지를 잃게 된다면 우리는 집 잃고 부모 잃은 고아가 되어 이 거리, 저 거리를 헤매게 될 것입니다. 정말 생각만 해도 끔찍합니다.

이제 우리는 아늑한 우리의 보금자리를 지키고 우리가 행복하게 잘 살기 위하여 아빠는 담배를 조심! 엄마

는 부엌불 조심! 너도 나도 불조심! 자나 깨나 불조심을 해야 되겠습니다. 또한 만약 불이 났을 때도 재빨리 전화번호 119를 불러 소방서에 신고를 하고, 깍쟁이 엄마 만세! 화재 보험 증서 만세!를 부를 수 있도록 미리미리 준비를 하자고 이 어린이는 큰 소리로 외칩니다.

위의 설명들을 토대로 완성된 웅변 원고를 다시 검토해 보도록 하지요. 웅변 원고 작성 요령과 효과적 구성이 잘 이루어지고 있는지 확인해 보세요.

예문

베짱이의 슬픔

6학년 장태수

　여러분은 모두 〈개미와 베짱이〉라는 우화를 잘 알고 있을 것입니다.

　여름날 시원한 그늘에 앉아서 노래만 부르면서 놀던 베짱이는 열심히 일하면서 겨울을 준비하는 개미를 비웃습니다. 막상 겨울이 오자 개미는 그 동안 모아 두었던 음식으로 편안하고 따뜻하게 추위를 이겨 낼 수 있었지만 베짱이는 그럴 수가 없었습니다. 배고픔과 추위에 지친 베짱이는 생각하다 못해 개미를 찾아가서 구걸을 해야 했습니다.

　"개미님, 개미님! 먹을 것이 없는데 좀 꾸어 주세요. 배가 고파 죽겠어요."

　개미는 아무리 생각해 봐도 이상하여,

　"이봐, 베짱이! 자네들은 먹을 것이 풍부한 여름철에

무얼 했기에 벌써 양식이 떨어졌나?"
하고 물어 보았습니다.

베짱이는,

"노래만 부르며 놀다 보니 벌써 겨울이 되었습니다."
라고밖에 대답할 수가 없었습니다. 개미는,

"허허! 이 어리석은 베짱이 같으니라구! 그렇다면 노래나 더 실컷 부르다 죽게."
하며 돌려 보내 버렸답니다. 그래서 베짱이는 찌르르찌르르 슬픈 노래만 부르다 굶어 죽게 되었답니다.

여러분! 여러분 중에는 어리석은 베짱이와 같은 사람은 없습니까? 남들이 열심히 일할 때 베짱이처럼 게으름을 피우며 놀기만 하는 사람은 없습니까? 여름날 늘어지게 놀기만 하던 베짱이가 겨울에 헐벗고 굶주리다가 슬픈 노래를 부르며 죽어 갔듯이, 일하지 않고 놀기만 하고, 저축하지 않고 낭비만 하다가는 지난날을 후회하며 신세 타령만 하고 말 것입니다.

여러분! 여러분 중에는 나도 놀지 않고 부지런히 일했더라면 지금쯤 부자가 되었을 텐데, 라고 지난날을

후회하시는 분이 분명 있을 것입니다. 또한 우리 국민이 낭비하지 않고 저축했더라면 IMF 따위도 몰랐을 텐데, 라고 신세 타령을 하는 사람도 있을 것입니다. 만약 여러분 중 누구 한 명이라도 그런 사람이 있다면 이제 정신을 바짝 차립시다.

"천리 길도 한 걸음부터"라는 속담을 안다면, 다시 한 번 마음을 가다듬고 너도 나도 조금씩 저축하여 힘찬 미래를 기약합시다. 베짱이처럼 슬픈 노래만 부르다 죽지 않으려면 우리는 휴지 한 장이라도 아껴 쓰고 수돗물 한 방울, 쌀 한 톨이라도 절약하여 개미처럼 부지런히 일해야 합니다. 또한 꿀벌처럼 꼬박꼬박 저축하여 우리 모두 우리 나라를 IMF에서 탈출시키는 데 기여해야 할 뿐 아니라, 세계에서 제일 가는 부자 나라로 만드는 데 최선을 다해야 하겠습니다. 여러분! 힘을 모읍시다!

4. 웅변 원고의 작성 요령은 무엇일까요?

예문

움직이는 쓰레기통

5학년 강창섭

여러분! 우리 동네에는 골목마다 쓰레기통이 있습니다. 아마 여러분 동네에도 쓰레기통은 많이 있을 것입니다. 그러나 이 쓰레기통은 단단한 시멘트나 철로 만들어져 있기 때문에 움직일 수가 없습니다만, 저는 움직이는 쓰레기통을 보았습니다.

우리가 흔히 보는 쓰레기통에는 먹지 못할 음식 찌꺼기나 쓰지 못할 종이 조각들이 들어 있으며, 아침이면 청소부 아저씨들이 와서 삽과 괭이로 퍼내어 청소차로 실어다가 버리곤 하더군요.

그런데 제가 본 움직이는 쓰레기통은 우리 동네 골목에 있는 쓰레기통처럼 깨끗하게 페인트되어 있어, 겉으로 보기에는 튼튼하지만 사실 실속 없고 쓸모 없는 것들만 들어 있는 쓰레기통입니다. 게다가 지독한 악취로

4. 웅변 원고의 작성 요령은 무엇일까요?

곁에 있는 사람들을 괴롭힙니다.

 이 쓰레기통은 바로 힘없는 친구들을 괴롭히고 돈을 빼앗고, 때로는 폭력도 일삼는 일부 폭력 학생들입니다.

 여러분! 제가 본 이런 종류의 쓰레기통은 다음과 같은 행동을 합니다.

 남들이 열심히 공부하는 시간에 신나게 놀고, 호시탐탐 힘 없게 생긴 또래 아이들을 찾아 갑니다. 기회가 되면 힘 없는 친구들에게서 돈을 빼앗고, 폭력으로 위협하며 더 많은 돈을 요구하기도 합니다. 실제로 어른 깡패처럼 심하게 때리기도 합니다.

 여러분! 하지만 어린이들의 가장 큰 장점은 무엇입니까. 바로 깨끗하고 따뜻한 마음이 아니겠습니까? 그 마음마저 잊는다면 우리의 미래를 어떻게 믿을 수 있겠습니까?

 학교 폭력으로 자살하는 어린이도 생겨나고 있습니다. 이제 학교 내 폭력은 가벼운 얘깃거리가 아니라 지금도 우리가 눈치채지 못한 곳에서 한 생명을 위협하고 있는 것입니다.

그 생명을 구할 수 있는 길이 무엇이겠습니까. 바로 폭력을 휘두르고 다니는 움직이는 쓰레기통이 잘못을 뉘우치고 깨끗하고 맑은 동심을 다시 찾는 길 외에는 없습니다.

여러분! 이 어린이, 더 이상 학교 폭력으로 인해 피해 보는 학생이 없게 하기 위하여, 우리 모두 학교 폭력을 예방하자고 힘차게 외칩니다.

5 연설문은 어떻게 써야 할까요?

이제 연설문 쓰는 방법을 알아보도록 하겠습니다.

연설문은 여러 사람들 앞에서 연설하는 것을 목적으로 쓴 글입니다. 그렇기 때문에 다음과 같은 사항을 주의하여 원고를 써야 합니다.

첫째, 말하는 사람에게 흥미 있는 내용이어야 합니다.

연설을 듣는 사람들이 무엇을 원하고 무엇을 바라는지를

파악해서 흥미 있는 내용을 말해야 합니다.

둘째, 청중에게도 흥미 있는 것이어야 합니다.

연설은 내용을 표현하고자 하는 수단과 전달하고자 하는 목적이 있게 마련입니다. 그렇기 때문에 연설자는 청중에게 어떤 내용을 어떻게 전달하여야 하는지 먼저 생각하고 많은 대중 앞에서 자신의 의견을 올바르게 표현하고 전달할 줄 알아야 합니다.

셋째, 가치가 있는 것이어야 합니다.

연설은 개인과 개인 간의 대화가 아닙니다. 대중을 상대로 하는 것이기 때문에 수단과 목적에 따라서 대중에게 이해, 감화, 감동, 감명, 설득시키는 것을 우선으로 여겨야 합니다.
하지만 공적, 지적, 윤리적 성격을 이용하여 악용된다면 연설의 중요성을 잃게 된다는 것은 뻔한 사실입니다.

넷째, 정해진 시간에 충분히 나타낼 수 있는 내용이어야 합니다.

대화는 뚜렷한 목적이 없이 시작하여 확실한 목적 달성 없이 끝나도 무리는 없습니다. 그러나 연설은 그렇지 않습니다. 연설자는 목적을 확실히 자각하여 정해진 시간 안에 목적에서 이탈하지 않는 내용을 말해야 합니다.

다섯째, 참신한 내용이어야 합니다.

모두 다 알고 있는 이야기를 나열하는 것에 불과하다면 청중을 감동, 감화시킬 수가 없게 됩니다. 그 자리에서 듣는 청중이 아, 그럴 수도 있겠구나, 고개를 끄덕거릴 수 있을 정도로 참신하고 새로운 내용이어야 합니다.

다음 예문을 읽으면서 연설문을 쓸 때 주의할 점을 다시 한 번 익혀 보세요.

예문

창조의 힘과 개성

어린이 여러분!

오늘날, 우리가 살고 있는 현대 사회는 그 변화의 속도가 매우 빠릅니다. 우리 어른들이 어렸을 때에는 들어 보지도 못한 새로운 물건들이 이제는 쉴 새 없이 만들어지고 있습니다. 그뿐만 아니라 지구의 반대편에 있는 나라의 소식도 쉽게 알 수 있게 되었습니다. 도서관에 가지 않아도 수많은 책들을 쉽게 찾아볼 수 있습니다. 아주 먼 곳에 떨어져 있는 가족과 친구들의 모습을 보며 전화를 하게 될 날도 멀지 않았습니다. 사회가 변화하는 속도가 워낙 빨라서, 사람들은 빠른 변화에 미처 적응하지 못할 때가 많습니다. 첨단 과학 문명은 사람들이 변화하는 사회에 적응할 겨를도 주지 않고 새로운 변화를 이루어 내고 있습니다.

5. 연설문은 어떻게 써야 할까요?

우리는 가까운 장래에, 만화 영화에서 보았던 것처럼 컴퓨터가 자동으로 운전하는 차를 타고 거리를 달릴 것입니다. 그리고 자기 방 책상 앞에 앉아서 컴퓨터 화면으로 선생님과 함께 이야기하면서 질문하고 대답하는 수업을 할지도 모릅니다. 다가올 21세기는 생활의 편리함이 극에 달하는 첨단 과학 문명의 시대가 될 것입니다. 여러분이 바로 21세기의 주인공입니다.

이 시간에는 미래 사회의 주인공인 여러분이 첨단 과학 문명의 시대를 슬기롭게 맞이하기 위해서 어떤 노력을 해야 하며, 또한 어떤 생활 태도를 지녀야 하는지 함께 생각해 보겠습니다.

급격히 변화하는 미래 사회에 대응하는 길은 창조의 힘과 개척 정신을 기르는 것입니다. 새로운 것을 만들어 내는 힘이 곧 창조의 힘이며, 알지 못하는 새로운 세계에 도전하여 우리의 것으로 만드는 것이 곧 개척 정신입니다. 창조의 힘과 개척 정신을 길러 첨단 과학 문명의 시대를 슬기롭게 대처해 나가야 하겠습니다.

미래 사회의 주인공인 여러분이 반드시 지녀야 할 창

조의 힘과 개척 정신에 대하여 좀 더 깊이 있게 생각해 보도록 하겠습니다.

창조의 힘, 곧 창조력은 새로운 것에 대한 호기심을 가지는 것에서부터 출발합니다. 호기심이란, 전에 듣거나 보지 못했던 사물을 대할 때 '이것이 무엇일까?' 또는 '왜 그럴까?' 하는 의문을 가지는 마음입니다.

쇠똥구리의 생활과 행동에 대한 호기심에서 출발한 파브르는 곤충의 세계를 밝혀 놓았습니다. 다른 사람이 만든 지도가 실제의 땅 모양과 다르다는 데 의문을 품게 된 김정호 선생님은 우리의 빛나는 문화 유산으로 손꼽히는 '대동여지도'를 세상에 내놓았습니다.

새로운 사물을 대할 때, 그것이 무엇인지 또는 왜 그렇게 되었는지에 대한 깊은 생각이 없이 무심코 대하면 발전이 없습니다. 그것이 우리 생활에 매우 유용한 것인지도 모르고 그냥 지나쳐 버리게 됩니다. 그렇게 되면 여전히 불편을 겪게 되고, 다른 사람보다 뒤떨어지는 생활을 할 수밖에 없습니다. 심지어는 편리한 첨단 과학 문명의 시대에 사는 원시인이라고 조롱받게 됩니다. 그러므로 변화가 빠른 문명 시대를 살아갈 여러분들은 언제나 새로운 것에 대한 호기심을 가져야 하겠습니다. 이러한 호기심은 미래 사회의 주인공다운 창조적인 생활을 하는 밑거름이 됩니다.

창조적인 생활을 하려면 새로운 것에 대한 호기심을 바탕으로 탐구심을 꾸준히 길러야 합니다. 탐구심이란, 어떤 문제에 부딪혔을 때 포기하지 않고 끝까지 해답을 얻기 위하여 노력하는 정신입니다.

우리는 발명가나 과학자들에게서 뛰어난 탐구심을 볼 수 있습니다. 에디슨과 같은 발명가들이 생활의 불편함을 없애기 위하여 꾸준히 탐구하고 애쓴 덕분에 우리는 보다 편리한 생활을 누리게 되었습니다. 또 인류를 질병으로부터 해방시키기 위하여 노력하는 생명 존중의 숭고한 의학 정신도 다름 아닌 탐구심의 발현인 것입니다.

과학 문명이 발달함에 따라 우리의 생활은 점점 복잡해지고, 새로운 문제가 많이 일어나게 됩니다. 아무리 복잡한 문제라도 그것이 무엇인지를 꼭 밝혀 내고야 말

5. 연설문은 어떻게 써야 할까요? 95

겠다는 굳은 의지로 여러분의 탐구심을 발휘할 때, 우리 앞에 놓인 새로운 문제들은 쉽게 풀리게 될 것입니다.

다음은 개척 정신에 대하여 알아보겠습니다. 다가올 미래 사회는 변화가 심하기 때문에 전혀 예상하지 못한 일들이 일어나게 됩니다. 이러한 변화에 직면했을 때 피하지 않고 적극적으로 받아들이며 도전하는 자세가 바로 개척 정신입니다.

우리는 황무지를 개척하여 복지 국가를 건설한 덴마크의 이야기를 알고 있습니다. 전쟁으로 인하여 황무지로 변해 버린 국토를 살리기 위하여 국민 모두가 하나로 힘을 합쳐 끊임없는 개척 사업을 벌인 결과, 덴마크는 오늘날 세계에 자랑할 만한 복지 국가로 발전하게 된 것입니다. 온 국민의 개척 정신이 국가를 번영시키는 원동력이 되었던 좋은 본보기입니다.

개척 정신이 뛰어난 사람들은 알지 못하는 세계에 도전하여 그것을 꼭 밝혀 내고야 말겠다는 용기를 지니고 있습니다. 우리가 살고 있는 지구의 모습을 밝히기 위하여 죽음을 무릅쓰고 남극과 북극을 탐험한 개척자들이 있었기에, 우리는 지구에 대한 지식을 넓혀 나갈 수 있었습니다.

우리 인류는 이에 그치지 않고 우주 탐험과 개척에 도전하고 있습니다. 거듭되는 실패에도 아랑곳하지 않고 꾸준히 노력한 결과, 이제 곧 우주 시대의 막을 올릴 준비를 갖추고 있는 것입니다.

여러분!

창조의 힘과 개척 정신을 길러 미래 사회의 훌륭한 주인공이 됩시다. 급속한 변화로 특징지을 수 있는 미래 사회에 슬기롭게 대응하는 길은 창조의 힘과 개척 정신을 기르는 것입니다. 창조의 힘과 개척 정신이 갖추어졌을 때, 여러분은 미래 사회의 참된 주역이 될 것이라고 굳게 믿습니다.

저는 여러분이 국가와 인류 사회에 이바지하는 사람으로 성장하기를 바랍니다.

연설문을 쓸 때, 다음 세 가지 사항을 기억해 두고 쓴다면 도움이 됩니다. 이 세 가지 사항을 연설문의 3원칙이라고 합니다.

첫째는 통일성입니다

이 말은 주제가 하나여야 한다는 뜻입니다. 그래야 산만한 느낌을 주지 않습니다. 일정한 주제에 초점을 맞추어 이야기를 엮어야 통일성이 있는 글이 됩니다.

둘째는 일관성입니다

말하려고 하는 내용을 처음부터 끝까지 바꾸지 않고 이끌어가야 합니다. 연사가 하는 이야기는 앞과 뒤에 모두 말하려는 주제를 나타내고 있기 때문에 상호 긴밀한 관련성이 있어야 합니다.

셋째는 강조성입니다

 말하고자 하는 중심 사상을 강하게 주장해야 한다는 뜻입니다. 강조성이 있는 연설을 하려면 중심 내용을 처음과 끝에 반복하면 됩니다.

 이 세 가지 원칙을 잘 지킨 연설문을 보여드리도록 하겠습니다. 다음 예문은 박정희 전대통령의 6·23 평화 통일 외교 선언입니다.

예문

6·23 평화 통일 외교 선언

박정희

 친애하는 오천만 동포 여러분! 나는 오늘 우리가 그 동안 추진해 온 남북 대화의 경험과 국제 정세의 추이에 비추어, 민족의 숙원인 조국 통일의 여건을 실질적으로 개선하기 위한 우리의 평화 통일 외교 정책을 내외에 천명하고자 합니다.

제 2차 세계 대전 후 우리는 해방이 되었으나, 우리의 의사에 반하여 국토는 분단되고 민족은 분열되었습니다. 당초 일본군의 항복을 받기 위한 군사적 경계선이라고 했던 38선이 그 후 철의 장막으로 변하고, 남과 북은 정치·경제·사회·문화의 모든 분야에 걸쳐서 완전히 차단되어 버렸습니다.

그 동안 미·소공동위원회가 조직되어 38선의 해소와 통일 민족 정부 수립을 위한 교섭이 있었으나 미·소간의 근본적 대립으로 실패로 돌아가고, 결국 한국 문제는 국제 연합에 제기되었던 것입니다.

1947년 제 2차 국제 연합 총회는 남북한을 통한 자유로운 총선의 실시를 결의하고, 이를 위해 임시 한국 위원단을 파견하였습니다. 그러나 북한의 거부로 남한에서만 자유선거가 실시되어, 1948년 8월 15일 대한민국 정부가 수립되고, 국제 연합에 의하여 유일한 합법 정부로 승인받게 된 것입니다.

1950년 6월 25일, 북한 공산군의 불의의 침략으로 인한 한국 전쟁으로 무수한 동포가 생명을 잃고 전국토는 초토화되었으며, 3년간의 전란 끝에 휴전은 성립되었으나 분단은 계속되고 통일은 멀어졌습니다.

　나는 이 분단으로 말미암은 동족의 고통을 덜고 평화 통일의 기반을 조성하기 위하여, 1970년 '8·15선언'에서 남북한의 긴장 완화를 제의하였으며, 작년 7월 4일에는 평화 통일을 위한 남북 공동 성명을 발표한 바 있습니다. 이리하여 남북 대화는 시작되었습니다. 그러나 근 2년이 되는 오늘에 이르기까지 그 성과는 우리 기대와는 거리가 먼 것이라 하지 않을 수 없습니다.

　우리는 쉽고 실천 가능한 문제부터 하나씩 해결해 나감으로써 남북간의 장벽을 점차 제거하고 구체적인 실천을 통해서 상호간의 불신을 신뢰로 대체해 나가는 것이, 대화를 생산적으로 운영하는 길이며 평화 통일을 성취하는 지름길이라고 주장해 왔습니다. 그러나 북한측은 불신 요소를 남겨 둔 채, 대한민국의 안전 보장을 위태롭게 할 군사 정치 문제의 일괄 선결을 주장하고 있습니다.

그러면서도 북한측은 통일을 위한 남북 대화의 진행 중, 밖으로는 사실상 조국의 분단을 고정시키는 행동을 계속해 왔습니다. 이러한 남북 관계의 현상으로 보아, 우리가 기대하는 바 남북 대화의 결실을 얻기까지에는 앞으로도 많은 난관이 예견되며, 상당히 긴 시일이 걸릴 것이라고 판단됩니다. 뿐만 아니라 이러한 상태가 그대로 방치된다면, 결과적으로 불신의 심화와 긴장의 고조마저도 우려되는 바입니다.

한편 최근의 국제 정세는 제2차 세계 대전 후 냉전 시대가 끝나고, 현상 유지를 기조로 하는 열강들의 세력 균형으로 평화 공존을 유지하려는 것이 그 주된 조류라고 하겠습니다. 또한 그간 이 지역에 있어서의 일련의 주변 정세의 발전으로 미루어 보아서도 국토 통일이 단시일 내에 성취되기는 어렵다고 보여집니다. 이러한 국제 정세는 우리 민족사에 있어서 하나의 커다란 문제를 제기하고 있습니다. 즉 조국 통일이라는 민족 지상의 염원과 목표를 국제 정세의 현실 속에서 어떻게 추구할 것인가의 문제입니다.

친애하는 오천만 동포 여러분! 우리는 객관적 현실에 대하여 능동적으로 대처해 나가야 하겠습니다. 우리는 조국 통일을 국내외의 현실 속에서 실현하는 현명하고도 확고한 방안을 수립하고, 이를 강인하게 추구해 나가야 하겠습니다.

그것은 곧 현실을 직시하고 평화를 이 땅에 정착시킴으로써 그 바탕 위에서 우리의 자주 역량으로 통일을 기필코 이룩하자는 것입니다.

그러므로 나는 이제 다음과 같은 정책을 선언하는 바입니다.

1. 조국의 평화 통일은 우리 민족의 지상 과업이다. 우리는 이를 성취하기 위한 모든 노력을 계속 경주한다.

2. 한반도의 평화는 반드시 유지되어야 하며, 남북한은 서로 내정에 간섭하지 않으며 침략을 하지 않아야 한다.

3. 우리는 남북 공동 성명에 입각한 남북 대화의 구체적 성과를 위하여 성실과 인내로써 계속 노력한다.

4. 우리는 긴장 완화와 국제 협조에 도움이 된다면, 북한이 우리와 같이 국제 기구에 참여하는 것을 반대하지 않는다.

5. 국제 연합의 다수 회원국의 뜻이라면, 통일에 장애가 되지 않는다는 전제하에 북한과 함께 국제 연합에 가입하는 것을 반대하지 않는다. 우리는 국제 연합 가입 전이라도 대한민국 대표가 참석하는 국제 연합 총회에서의 '한국 문제' 토의에 북한측이 같이 초청되는 것을 반대하지 않는다.

6. 대한민국은 호혜 평등의 원칙하에 모든 국가에 문호를 개방할 것이며, 우리와 이념과 체제를 달리하는 국가들도 우리에게 문호를 개방할 것을 촉구한다.

7. 대한민국의 대외 정책은 평화 정신에 그 기본을 두고 있으며, 우방 국가들과의 기존 유대 관계는 이를 공고히 해 나갈 것을 천명한다.

친애하는 남북 동포 여러분! 나는 우리 조국이 처해 있는 오늘의 내외 정세를 냉엄히 평가할 때, 이 길만이 긴장 완화의 국제 조류 속에서 민족의 위신과 기대를 유지하면서 조국의 평화 통일을 자주적으로 성취하는 지름길이라고 확신합니다.

슬기롭고 용감한 민족 앞에는 결코 실망이나 좌절은 있을 수 없습니다.

우리 모두 희망찬 용기와 슬기로 한반도의 평화, 겨레의 번영 그리고 조국 통일을 위하여 힘차게 매진합시다. (1973. 6. 23)

연설문을 쓸 때 주의해야 할 몇 가지가 있습니다.

첫째, 주제가 뚜렷해야 합니다

연설문은 논설문처럼 조리 있게 써야 합니다. 이야기하려는 내용, 즉 주제가 뚜렷이 나타나지 않으면 연설의 목적이 분명하게 드러나지 않습니다.

하지만 논설문처럼 딱딱해서는 안 됩니다. 너무 논리적이면 연설을 듣는 사람들이 지루해 합니다. 주제가 뚜렷하되 부드럽고, 듣는 사람이 재미있게 들을 수 있는 그런 글이어야 합니다.

한 미국인 기자가 일본 수상의 연설장에 갔다가 나오면서 했던 말이 있습니다.

"한 시간 동안 고문을 받고 나온 기분입니다."

그렇듯 재미없는 연설은 듣는 사람을 지루하고 싫증나게 합니다.

둘째, 쉬운 말로 씁니다

연설문은 여러 사람 앞에서 연설을 해야 하는 글이기 때문에 모두 알아들을 수 있도록 쉬운 말을 사용해야 합니다.

연설문을 쓰는 요령 중에 가장 쉬운 방법은 평상시에 자기가 말하는 식으로 쉽고 자연스럽게 쓰는 것입니다. 쉬운 말은 누구나 다 알아듣습니다. 반면에 어려운 말은 누구나 다 알아듣지 못합니다.

셋째, 여섯 가지 원칙에 맞도록 씁니다

연설은 반드시 듣는 사람이 있게 마련입니다. 그래서 상대와 목적에 맞는 글을 써야 설득력이 있습니다. 따라서 여섯 가지 원칙에 맞춰 쓰면 좋은 글을 쓸 수 있습니다.

여섯 가지 원칙은 다음과 같습니다. 이 원칙에 대한 스스로의 대답을 통하여 연설문의 기본틀이 짜여집니다.

1. 누구에게 이야기할 것인가?(대상)
2. 무엇 때문에 이야기하는가?(목적)

3. 어떤 입장에서 이야기하는가?(연설자 입장)

4. 언제 이야기하는가?(시기)

5. 어디서 이야기하는가?(장소)

6. 어떤 이야기를 하는가?(성격)

넷째, 반드시 존댓말과 표준말을 써야 합니다

아무리 어린이들을 상대로 연설을 한다 해도 존댓말을 써야 합니다. 연설은 여러 사람을 대상으로 말을 하는 것이므로 존댓말을 사용하는 것이 예의입니다.

표준말 사용도 같은 이유에서 연설문의 예의입니다. 설혹, 지방에서 연설을 하더라도 사투리를 쓰는 것은 적합하지 않습니다. 연설이란 사적인 얘기가 아니라 공적인 자리에서 공식적으로 자신의 의견이나 주장을 진술하는 것이기 때문입니다.

다음 예문은 위 사항을 고려한 연설문입니다.

예문

왕따 없는 학교를 바라며

어린이 여러분! 지금 우리 학교에는 '왕따'라는 것이 유행하고 있습니다.

왕따란 집단 따돌림의 다른 말로, 말 그대로 한 학생을 여러 명의 학생들이 집단적으로 무시하고 소외시키는 현상입니다. 실제로 많은 학생들이 이 '왕따' 때문에 고통스러워하고 있습니다. 또한 비록 지금은 '왕따'가 아니더라도 누구나 '왕따'가 될 소지가 충분합니다.

학교는 배움의 자리이지만 이보다 더 중요한 역할을 하기도 합니다. 바로 사회성을 기르게 하는 것입니다. 학교에서 우리 어린이들은 사람들 사이에서 살아가는 방식을 배울 수 있습니다.

이렇게 중요한 역할을 하는 학교에서 한번 '왕따'를 당한 학생은 마음의 상처를 받게 되고 어른이 되어서도

그 후유증으로 대인 관계에서 원만하게 살아갈 수 없습니다.

따돌리는 학생은 따돌림을 받는 학생의 마음을 알 수 없습니다. 그 마음을 알게 되었을 땐 이미 늦습니다. 한 번 받은 상처는 나중에 사과한다고 해서 사라지는 것이 아니기 때문입니다.

실제로 앞에 선 저도 '왕따'를 경험한 적이 있었습니다. 작년, 그러니까 초등 학교 4학년 때 반 아이들은 특별한 이유 없이 절 따돌렸습니다. 그 때문에 학교 가는 것이 죽기만큼 싫었고 괴로웠습니다. 어떻게 하면 학교를 가지 않을 수 있을까만 궁리했습니다.

나중에 아이들은 저에게 사과했지만 그 때는 소용이 없었습니다. 이미 증오심과 외로움을 경험한 전 반 아이들이 한없이 미웠고, 나아가 세상도 두려워졌던 것입니다.

어린이 여러분!

누가 누구를 함부로 대할 수는 없는 것입니다. 우리는 모두 공평하게 이 세상에 태어났고, 같은 무게의 존

엄성을 갖고 있기 때문입니다. 단지 재미로, 또는 다른 친구들이 따돌리니까 자신도 덩달아 한 친구를 왕따시킨다는 것은 말도 안 됩니다. 그것은 도덕적으로 안 된다는 것이라기보다는 차라리 슬픈 일입니다.

우리는 미래의 주인공으로, 앞으로의 세상은 우리가 만들어 나가야 합니다. 그런 우리가 벌써부터 친구를 소외시키는 것을 유행처럼, 죄의식 없이 행한다면 앞으로 우리가 살 사회, 나아가 우리의 자손들이 살 사회는 끔찍이도 비인간적일 것입니다.

이제 우리는 '나'를 넘어서 '우리'를 이해할 수 있고, 배려할 수 있는 마음을 가져야 합니다. 그것이 바로 내가 이해받을 수 있고, 배려받을 수 있는 길이기 때문입니다. 나아가 이 세상이 아름답고 살기 좋게 되는 길이기도 합니다.

6 연설문은 어떤 형식을 갖고 있나요?

연설문은 대부분의 글이 그렇듯 세 단계로 나누어집니다. 그 세 단계는 각각 서론, 본론, 결론입니다.

연설문은 특히 지은이의 주장을 담은 논설문과 유사합니다. 다만 논설문이 주로 읽히는 글이라면, 연설문은 말하기의 하나인 연설을 목적으로 쓰인 글이라는 점에서 차이가 날 뿐입니다.

즉 논설문에 반해 연설문은 말하기에 적합한 문체로 문장을 썼다는 차이가 있는 것이죠. 그래서 연설문에는 '여러분!', '~합시다' 등의 표현이 제법 많이 나옵니다. 읽는 글에는 잘 나오지 않는 표현이죠.

그러나 연설문도 형태는 글이기 때문에 갖추어야 할 기본이 있으며 그 기본은 논설문과 비슷하다고 할 수 있습니다. 즉 서론에서는 문제 제기를 하고, 본론에서는 주장을 펴며, 결론에서는 정리하는 것이 매우 비슷합니다. 또한 전반적으로 설득적인 어투, 논리적인 표현을 주로 사용한다는 점도 닮았다고 할 수 있습니다.

다음은 연설문의 형식을 세 단계로 나눈 것입니다. 이를 이해한다면 어린이 여러분도 훌륭하게 연설문을 쓸 수 있을 것입니다.

서론

서론은 연설문의 첫머리 부분입니다. 문제를 내걸거나 문제에 대한 자신의 태도와 입장을 밝힙니다.

아래 예문은 〈건강한 사람〉이라는 연설문의 서론 부분입니다. 인간의 기본적인 소망에 대해 제시하면서 말하려는 사람의 태도가 분명히 밝혀져 있는 글입니다.

예문

건강한 사람

어린이 여러분!

여러분은 '건강' 하면 먼저 무엇이 떠오르십니까? 탄탄한 근육, 윤기 나는 피부, 좋은 혈색만을 생각하십니까?

물론 신체의 건강도 중요합니다. 또한 '건강하다'라는 표현은 일반적으로 신체적인 의미로 여겨지기도 합니다. 하지만 몸의 건강뿐 아니라 정신의 건강도 매우 중요합니다.

신체적 건강에다가 정신의 건강을 함께 갖춘다는 것은 우리 인간의 가장 기본적인 소망입니다. 건강한 사람만이 자기 자신을 위해서나 가족을 위해서, 또한 국가나 사회의 발전을 위해서 자신의 능력을 충분히 발휘할 수 있기 때문입니다.

본론

본론은 연설의 중심이 되는 부분입니다. 여기에서는 자신의 주장에 대한 보기를 들어 증명하거나, 의견을 내세워 결론으로 이끌어 갑니다.

다음 예문은 위의 글에 대한 본론 부분입니다. 사실만 늘어놓지 않고, 그에 알맞은 근거를 예로 들어 설득력 있고 타당하게 주장을 펴고 있습니다.

예문

그렇다면 건강한 사람이란 구체적으로 어떤 사람일까요?

첫째, 기본적으로 신체가 건강한 사람입니다. 하지만 여기에서 말한 신체의 건강은 단지 겉모습만을 의미하거나, 몸에 병이 없는 상태만을 뜻하지 않습니다. 가정과 사회의 한 구성원으로서 정상적인 활동을 할 수 있는 체력을 갖추어야 한다는 뜻입니다.

요즘 우리 어린이들은 체격은 커졌지만 체력이 약해졌다는 말을 많이 듣습니다. 체력은 국력이라는 말이 있습니다. 아무리 체격이 좋아도 체력이 약하다면 아무 소용이 없습니다.

튼튼한 체력을 갖기 위해서는 올바른 위생 습관과 적당한 운동이 필요합니다.

둘째, 건강한 사람은 의지력이 강한 사람입니다. 강인한 의지가 있다는 것은 어려운 상황이나 고난에 좌절하지 않고 이를 헤쳐 나갈 수 있는 사람을 뜻합니다.

강인한 의지력을 지니기 위해서는 어려움을 참는 인내와 강한 정신력을 길러야 합니다.

인내와 정신력은 특히 우리 어린이들에게 어렵고 힘든 단어입니다. 조금만 힘든 일이 있어도 쉽게 포기해 버리거나, 주위의 어른들에게 맡겨 버리는 현상을 자주 볼 수 있습니다. 경제적으로 그리 어렵지 않은 현 시점에서 무조건 과거의 가난했던 시절을 살아 온 지금의 어른들처럼 악바르게 살아야 한다고 강요하는 것도 잘못이지만, 지나치게 소심하고 나약한 사람으로 변해 가는 것도 잘못입니다. 나도 할 수 있다는 자신감을 가지며 스스로 자신의 일을 책임질 줄 아는 사람이야말로 건강한 사람입니다.

셋째, 건강한 사람은 또한 생활 태도가 건전합니다. 곧 규칙적인 생활을 한다는 뜻입니다. 순간순간의 즐거움만을 쫓아가는 좋지 못한 생활 태도에 물들지 않고 자신이 옳다고 여기는 한에서 행동할 줄 압니다.

생활이 풍요롭고 편리해진 오늘날에는 건전한 생활 태도를 지니기가 쉽지 않습니다. 어린이를 유혹하는 배

6. 연설문은 어떤 형식을 갖고 있나요? · 121

경도 많습니다. 음란 비디오, 만화, 인터넷 음란 사이트 등 우리가 조금만 손을 뻗치면 우리를 위태롭게 하는 것들이 널려 있는 것입니다.

이러한 상황에서 건강한 사람이 되기 위해서는 자신을 다스리고, 스스로 이겨 내고 하는 노력을 게을리 해서는 안 됩니다.

마지막으로 건강한 사람은 풍부한 정서를 지니고 있습니다. 풍부한 정서를 지닌다는 것은 지나치게 감정적인 사람을 뜻하는 것은 아닙니다.

생활 속에서 아름다움을 느끼고, 취미 생활을 즐기며, 멋을 추구하는 것을 말합니다. 작은 것에서 행복과 보람을 느낄 줄 알고, 다른 사람을 배려할 줄 알며, 사회의 구석진 부분에 대해 연민과 동정을 느낄 줄 아는 사람이야말로 정서가 풍부한 사람이라고 할 수 있습니다. 시간에 쫓기는 복잡한 현대 사회일수록 풍부한 정서를 기르는 일에도 힘써야 합니다.

결론

연설을 마무리짓는 부분입니다. 여기에서는 본론에서 말한 것을 다시 요약하여 자신의 생각이나 주장을 분명히 강조합니다.

다음 예문은 위의 글을 연결한 결론 부분입니다. 본론에서 말한 내용을 다시 요약하여 한 번 더 강조하고 있습니다.

> [예문]

　　이상으로 건강의 중요함과 건강한 사람의 의미를 살펴보았습니다.
　　어린이 여러분!
　　건강한 어린이들이 사는 나라일수록 그 나라의 미래는 밝습니다. 우리 모두 건강한 몸과 마음으로 새 시대를 이끌어 갈 일꾼으로 자라도록 합시다.

6. 연설문은 어떤 형식을 갖고 있나요? • 125

【에필로그】

책을 왜 읽어야 할까요?

손에서 핸드폰을 놓지 못하는 요즘 아이들이 책을 읽어야 할 이유는 분명하다. 영상이 넘치는 시대에 왜 글읽기를 해야 하느냐고 묻는다면, 이 진부한 질문의 시작이 참신함의 역행이 필요한 요즘이다. 정보의 양이 쏟아지는 디지털 시대에 정보 양을 많이 습득할수록 어느 정도의 지식수준과 문해력을 갖췄다는 착각의 상태에 빠진다. 그러나 정보를 얻는 것과 독서를 하는 행위는 전혀 별개의 차원이다. 독서는 텍스트의 뜻을 헤아리고 행간행간 마다 연결되는 의미를 풀어가는 고차원의 인지행위다. 나의 관점에서 생각하고 의미를 재구성하는, 매우 적극적이고 미래지향적인 인지활동인 것이다. 오늘날 중요한 이슈로 부각되는 가짜뉴스, 사회적 문제, 가상과 현재가 뒤섞이는 현실에서 독서는 가치판단이나 사실과 허위를 구분하는 당위성이 만들어진다는 것에 매우 중요한 도구다. 다양한 디지털 매체의 증가로 오히려 집중력이 떨어진다. 주의를 빼앗기면 집중력이 떨어지고 한 곳에 몰입하는 현상이 나타난다. 이런 집중하지 못하여 사고의 깊이가 소멸되는 현상이 발생할 가능성이 크다. 인간이 인공지능이나 기술문명에만 의존하면 지식의 노예가 될 수 있듯이 말이다. 영상 길이가 1분이 넘지 않는 댄스 챌린지 영상을 보고 있으면, 시간이 가는 줄 모르고 손에서 핸드폰을 놓지 못한다. 1.5배나 2배속으로 빨리 돌려보는 동영상은 어떨까. 그럴수록 우리의 집중력은 퇴화되는 게 아닌가 싶다. 갈수록 집중력은 떨어지고 정보의 습득은 가벼운 정보전달에 불과하여 깊이 읽는 사고의 문맹률은 계속 늘어날 것이다. 슬픈 현실에서 우리가 알아야 할 것은 집중력을 되찾는 것이다. 방법은 한 가지다. 책을 읽는 것이다. 독서가 가진 긍정적이고 실용가능성의 효용성은 빌게이츠, 스티브잡스, 일론머스크, 워런 버핏 등 성공한 인물들의 예로 알 수 있다. 독서의 지속 가능성은 항상 열려 있었다. 움베르트 에코는 "책 읽지 않는 사람은 단지 자신의 삶만 살아가고 또 앞으로 그럴 테지만, 책 읽는 사람은 아주 많은 삶을 살 수 있다"라고 했다. 인지 신경학자인 메리언 울프에 따르면 인간은 '읽는 유전자'를 가지고 있지 않았다고 한다. 선천적으로 타고난 것이 아니라 후천적으로 꾸준히 훈련하여 습관을 만들어 읽는 능력을 키워 나가야 한다. 읽어야 성장할 수 있고 지속 가능하게 나아갈 수 있다. 읽는 사람은 읽지 않는 사람에 비해 뇌의 가소성은 증가한다. 깊이 오래 읽을 때 뇌 가소성은 더욱 발달한다. 메리언 울프는 뛰어난 독서가의 뇌는 문서의 빠른 해석을 가능하게 하는 특정 부분이 발달한다고 말했다. 특정 부분이란 오래되고 지속적인 깊은 독서로 나아가는 행위다. 그 행위가 독서의 중요한 역할이다. 책을 읽으면 뇌가 활성화되면서 처음에는 책을 읽는 것이 어렵지만 우리 뇌는 습관화되면 독서도 쉽게 읽는 방향을 그린다. 뇌의 가소성(可塑性, neural plasticity) 덕분에 뇌는 자주 경험하는 일을 신경 회로를 변형시켜 더 쉽고 빠르게 처리해 낸다. 이를 통해 책을 읽는 행위가 자연스럽게 다가온다.

책 읽는 뇌를 만들어가는 것은 지속가능한 독서의 시작이다. 전략적인 독서로 이어가다 보면 자연스러운 독서습관이 만들어지고 나아가 독서는 일상이 된다. 일상의 독서는 후천적인 노력, 즉 습관과 마음가짐이다. 좋은 독서환경을 만들어가는 것도 독서의 지속가능성이다. 필요 이상으로 우리의 책 읽기는 디지털 시대에 절실하게 요구되는 생존 도구임에 틀림없다. 디지털 시대에 스스로 자각하고 통찰하는 사람만이 살아남을 것이다. 독서가 인류의 생존 조건으로 다시 주목받고 있는 이유다.

■ 저자 김종윤 약력

전라북도 남원시 대산면에서 태어나 한국외국어대학교 법학과를 졸업하였다.
1993년 월간『시와 비평』으로 등단하여
장편소설『어머니는 누구일까』,『아버지는 누구일까』,
『날마다 이혼을 꿈꾸는 여자』,『어머니의 일생』등이 있으며,
옴니버스식 창작동화『가족동화 10편, 가족이란 누구일까요?』가 있다.
그리고『문장작법과 토론의 기술』,『어린이 문장강화(전13권)』이 있다.

나의 첫 질문 **국어공부 어떻게 해야 할까요?**
제11권 : 어린이 문장강화 **웅변연설문** 편

초판 1쇄 인쇄일 : 2025년 6월 3일
초판 1쇄 발행일 : 2025년 6월 7일

지은이 : 김종윤
발행인 : 김종윤
펴낸곳 : 주식회사 **자유지성사**
등록번호 : 제 2-1173호
등록일자 : 1991년 5월 18일

서울특별시 송파구 위례성대로 8길 58, 202호
전화 : 02) 333-9535 / 팩스 : 02) 6280-9535
E-mail : fibook@naver.com
ISBN : 978-89-7997-450-8 (73800)

이 책은 저작권법에 따라 보호받는 저작물이므로 무단전재와 복제를 금합니다.